Nödrop från lyckobubblan

NÖDROP FRÅN LYCKOBUBBLAN

JOHANNA STENIUS

PONTO POCKET

MIX
Papper från ansvarsfulla källor
FSC® C007584
www.fsc.org

www.pontopocket.se

Första pocketutgåvan

Omslag: Lotta Kühlhorn
Sättning: Massolit Förlagsgrupp AB
Tryck: ScandBook AB i Falun, 2015

ISBN 978-91-7475-219-9

Innehållsförteckning

Därför

Tre saker står alldeles klara för mig efter att varit förälder i ett par år:

1. Att ha barn är inte alls som jag trodde innan.
2. Det finns hur många människor som helst som vill tala om hur jag ska vara som förälder, och få bryr sig om vad jag själv egentligen tycker.
3. Den enda myten som verkligen stämmer om föräldraskap är den om att livets fokus fullständigt förändras. Det är inte jag själv som är viktigast i mitt eget liv längre.

Som tur är finns det väldigt många bra saker med att ha barn. Till exempel att oftast, faktiskt nästan alltid, blir det bra till sist. Det går att vänja sig vid allt, och det som inte kommer direkt kommer efter ett tag. Men att vara förälder är verkligen sällan på det sätt föreställningarna säger, och det kan vara små detaljer och förmågan att stå på sig som avgör hur det känns längs vägen. Många gånger har jag bokstavligt talat slitit mig i håret, och undrat: VARFÖR är det så svårt? Barnen är friska och glada, vi har ett fint boende, jag har ett jobb. Ändå: känslan av att jag egentligen "fuskar" finns där hela tiden. Min roll som förälder till mina barn präglas i allra högsta grad av vad andra tycker, tänker och säger – från Försäkringskassan till grannfrun. Mycket, mycket mer än vad jag egentligen vill erkänna och mycket mer än jag trodde innan jag fick barn.

”Jag är ju ingen rutinmänniska alls, det kommer gå superbra för mig att ha en bebis som inte heller har rutiner i början”, minns jag att jag tänkte som höggravid med mitt första barn.

Det visade sig istället vara just det där med helt oförutsägbara dagar som var något av det jag hade svårast att anpassa mig till som nybliven förälder. Faktum är att föräldraskapet var mitt livs största chock som kastade mig rakt in i en depression. Först efter ett par månader, när dagarna kunde ha en någorlunda förutsägbar form och min dotter kunde uttrycka lite av det hon ville, började jag uppskatta tillvaron på riktigt igen.

Den första osäkerhetskänslan lever ändå kvar inom mig, trots att jag numera har två barn, och har gjort mig extremt känslig för hur andra uttrycker sig. Jag läser alla artiklar och böcker och tar till mig av smörig reklam. Lyssnar lite för mycket på hur andra har gjort och oroar mig för de val som min familj gör och har gjort. Livet är som ett sökande efter föräldrarollen och jag vet fortfarande inte var jag kommer landa. Kanske jag aldrig landar? Kanske är det vad föräldraskap egentligen är, att ständigt söka de rätta svaren fast att det inte finns några?

Precis som föräldrarollen inte motsvarar förväntningarna så gör inte heller barnen det – de föds som mångsidiga små människor med helt egna viljor och mycket av det de gör är bortom min kontroll. Bebistiden är dessutom bara början – det hade jag inte heller tänkt på innan.

En positiv sak som har hänt de senaste åren är att allt fler vågar berätta om hur det verkligen är att vara förälder – hela den skitiga, operfekta sanningen. Bloggare som den amerikanska Jill Smokler (”Scary mommy”) och här hemma bland annat ”Motvilliga mamman” och ”Hormoner & Hemorrojder” har gått i spetsen för en ny våg av föräldrar – de som talar klarspråk och vägrar låtsas. De som vågar erkänna och också skratta åt att ja, det är skitjobbigt att få barn. Ja, det är underbart också, självklart. Men att föda en människa till den här komplicerade världen är inte en sockersöt dans på rosor där allt bara faller på plats direkt, vad i livet är egentligen så? Bloggarna har fått stort genomslag, vilket inte är konstigt med tanke på hur befriande det är att efter år av myter om lyckobubblor och rosa små moln äntligen få tala fritt om hur det *egentligen* är att få barn. Att det är helt okej med amningsproblem, sviktande tålamod, tårar och kräksjuka vid sidan av de skratt och vackra stunder som också finns där. Vi behöver inte ha dåligt samvete för att vi inte är på topp jämt, det är en del av att bli förälder och en del av livet.

Allt är okej. Och är vi inte helt knäppa i huvudet så kommer våra barn också att ha det okej. De kommer att bli fullständiga människor. För det är faktiskt inte så svårt att göra rätt som det kan verka, och det är inte farligt att göra fel ibland.

Men jag vet en sak: Alla kommer ändå inte att hålla med mig – det ligger i ämnets natur. Du som läser min bok kanske blir arg eller provocerad. Du kanske tycker att det gnälls för mycket, att vissa föräldrar liksom ”ska” tycka att saker är jobbiga och att ”gnället” sänder negativa signaler. Jag har full förståelse, men tycker ändå motsatsen är värre. Det är bättre att ha dåligt samvete för att man mår bra än att ha det för att man mår dåligt.

Du kanske inte tycker att jag lever i verkligheten. Det gör jag nog inte heller. Inte i din verklighet. Ingen människas liv är likt någon annans, och det finns ingen enkel sanning när det gäller hur tillvaron ska se ut, med eller utan barn. Det går bara att göra sitt bästa utifrån sina egna förutsättningar.

Att bli förälder är egentligen som en saga. Inte de där smarta, coolt tecknade nutidsberättelserna som vi läser tillsammans med barnen, de som tar upp viktiga saker om genus, klass, familjesituationer och samhällets orättvisor. Inte heller som en lycklig fluffsaga full med guld, skimrande lycka och inga sorger vid horisonten. Utan som de där gamla sagorna, som innehöll blod, till och med död, onda feer, hejdlös kärlek som övervinner allt, och förstås en gnutta sensmoral.

Som en askungesaga. Så kanske vägen genom föräldraskapets första skälvande år kan beskrivas. En askungesaga med många förvecklingar och hinder där föräldern står maktlös många, många gånger. Med onda styvsystrar som försöker dra åt fel håll – för så ont kan ett missriktat ord göra. Något som kanske är en förbiflygande kommentar för en person är för en annan något att ligga och grubbla och gråta över under de få gryningstimmar då barnet faktiskt sover.

Och goda feer som hjälper – för så kan det kännas med några ord på precis rätt plats vid rätt tillfälle från till exempel en BVC-sköterska eller en vänlig främling. Som magi, mitt i ensamheten någon som vet exakt hur man känner.

Och en dag – det har kommit smygande obemärkt – passar skon av glas alldeles perfekt, missriktad kritik rinner av dig och du känner dig hemma i dig själv igen.

Med andra ord: jag hoppas att du som läser känner igen dig, hittar styrka, igenkänning, hopp och kanske en väg framåt om det är en sådan du söker. Men om du inte hittar något av det: det är okej. I så fall vill jag ge dig en tankeställare, en annan vinkel och nya saker att diskutera.

Varsågod, här kommer min saga om föräldraskap. Den handlar om föräldrar och inte om barn.

Jag hoppas att du lämnar den med många tankar.

Del 1.
MÄNNISKA OCH FÖRÄLDER

Förälder på inskolning

Tårarna trycker på bakom ögonen. Det är varmt, mycket varmt, i rummet och jag har svårt att behärska känslorna. Knäpptyst, stor förväntan ligger i luften.

Nej, det är inte dags för avslöjandet om vem som ska få Nobelpriset i litteratur, utan för mitt äldsta barns första luciatåg någonsin på förskolan. Föräldrar och släktingar sitter med hopskrynklade ben vid de låga borden. När barnen sen kommer intågande med allvarliga miner knyts hjärtat ihop som en liten säck. Min dotter är yngst och har en egen fröken som sitter nära henne när hon får myror i de vita strumpbyxorna efter halva tiden. Hon har glitter i håret och runt midjan och ser mycket allvarlig ut. Jag är stolt, så stolt. Och jag känner mig så mycket som en FÖRÄLDER när jag står där med videokameran i handen och en avsvalnad kopp lättglögg på bordet.

”Nu har det hänt” tänker jag. ”Nu är jag här, det här är mitt liv nu.” Känslorna sitter utanpå kroppen och ögonblickets insikt är glasklar: jag *är* förälder, på riktigt.

Sen är ögonblicket borta, jag kramar mitt varma spralliga barn och matar henne med pepparkakor. Klär sen på mig ytterkläderna och cyklar i kylan till jobbet.

Att få barn, och tiden som kom efter, var en stor sak. Jag var ledig, gick på öppna förskolan, vägde och mätte på BVC, skakade vagnen över gågatans kullerstensrand (Tack gud för kullerstensränderna! Nu vet ni varför det alltid sitter många hålögda föräldrar på bänkarna längs städernas gågator. Det är kullerstenarna – de förvandlar skrikkaos till fridfull tupplur) och värmde barnmatsburkar. Ändå kom inte den "äkta" föräldrakänslan förrän mitt barn började på förskolan. Att stå och prata med de andra föräldrarna vid hämtning och lämning, göra matsäck och packa en liten röd Kånken med frukt och blöjor på morgonen. Att tvätta leriga galonbyxor, gå på föräldramöte och, förstås, vabba. För er som inte har barn i skolålder så står den lilla koden VAB för "vård av barn" hos Försäkringskassan. Hemma med sjukt barn alltså, sen flera år en vanlig situation i mitt hem. Vardaglig. Men när första VAB-dagen inträffade var det nästan lite högtidligt. Hela mitt vuxna liv hade jag hört kolleger, vänner och släktingars klagande "nu blir det vabba igen". En riktig förälder säger så och det kändes som om jag hade blivit medlem i en hemlig klubb. Som om jag inte var en riktig förälder förrän jag hade anslutit mig till vissa koder och normer i samhället. Att jobba och därmed vabba var en av dem.

När börjar en person egentligen vara förälder? Eller är det bara en etikett, som många andra? Det går fortfarande inte att sätta fingret på när jag började känna mig som en. Kanske var det under det där luciatåget. Och när jag väl gjorde det, om jag någonsin har gjort det, var inget som jag hade tänkt mig. Att vara en förälder visade sig innebära samma liv fast med många, många fler omständigheter och känslor att ta hänsyn till. Att vara förälder är att läsa breven från Försäkringskassan och tvingas förstå vad det står. Att vara förälder är att stå och frysa i grupp med folk jag aldrig skulle umgås med annars, utanför kalaslokaler, fotbollsträningar, discon och skolor medan tankarna far och flyger. Det är att ha en till viktig person i familjen samtidigt som allt det andra som var innan också finns där.

För jag är fortfarande den jag är, mitt i allt det där.

Jag är inte gjord för att vara ”förälder” – ett av samhället konstruerat begrepp som kommer med en massa värdeladdningar och förväntningar som inte alls har med barnet att göra. Jag är gjord för att vara mig själv, och det får jag lov att vara med ett barn också. Jag var *så* påläst innan jag blev förälder. Tyckte jag, men hade glömt att det viktigaste är att passa in sina barn i sitt eget liv, inte att utföra vissa handlingar bara för att de utifrån förknippas med ”föräldraskap”. I början hade inte den insikten kommit än, vilket gjorde att jag mådde dåligt och fick dåligt samvete för att jag inte hela tiden kunde ha fullt fokus och alla tankar på enbart barnet. Det tog lång tid innan allt föll på plats.

Folk i min närhet som har barn verkar tycka lite olika om det där med stämpeln ”förälder”. En del har fortfarande inte börjat känna sig annorlunda, medan andra precis som jag har känt behov av definitioner. Det förstår jag när vår BVC-sköterska berättar om sig själv:

”Min äldsta dotter fyllde 26 år nu i veckan. Fortfarande när 'barnen' kallar mig för mamma känns det lite overkligt ibland. Hur har det blivit så här? Är jag mamma? Efter 26 år har jag fortfarande inte riktigt vant mig.”

Jag var inte rädd för att min personlighet skulle utraderas, men att den skulle göra det i ögonen hos andra, det vill säga att andra bara skulle se mig som mamma. Första barnet skulle födas vid jul, och jag var mycket noga med att säga till folk att jag INTE önskade mig några mammajulklappar, det var nog ett tydligt tecken på den rädslan. Det var nog också ett tecken på att jag inte kände så många som blivit föräldrar, för jag måste säga att av alla mina vänner som blivit föräldrar sen dess är det inte någon som jag tycker raderat ut sin personlighet och bara blivit förälder.

Maria, förälder till två barn,
6 och 3 år, och gravid

Längtan efter ett barn, hur ser den ut egentligen? Är det en fysisk känsla eller något som rent intellektuellt känns rätt? ”Den biologiska klockan” – finns den? Det fanns tillfällen då jag trodde det, redan tidigt i vuxenlivet. Till exempel i 23-årsåldern på Uppsalapendeln när jag och Martin ganska nyligen hade träffats på en 60-talsmaskerad där han var tveksamt utklädd till Beppe Wolgers och jag föll som en fura. Tågets svischande ljud över rälsen ledde oväntat tankarna till en plats jag aldrig varit på tidigare: den där blivande föräldrar befinner sig. Den var vacker.

Den enda gången (och sen kanske aldrig mer) trodde jag verkligen att jag hörde den biologiska klockan. Jag var mitt uppe i en utbildning, livet gick i racerfart med extrajobb, plugg, fester och åkande fram och tillbaka mellan en liten etta i Stockholm och en kal studentlägenhet i Flogsta i Uppsala.

Precis just då fick jag för mig att barn, det skulle vi ha. Och det snart.

”Biljetterna tack.”

Jag slöt ögonen och låtsades sova, hörde konduktören tveka vid min plats för att sen gå till nästa vagn. Och funderade vidare på barnkläder jag sparat sen jag var liten, bebisnamn och andra gulligheter. Så kan det gå när en människa har hittat sitt livs kärlek.

Men Martin såg skräckslagen ut när jag kom med mitt förslag några dagar senare. Barn? Nu? Jag levde på studielån och han på en liten universitetslön. Vi bodde inte ihop. Vi hade nyss träffats. Vi hade massor av planer ihop, planer som inte innefattade barn. Just då.

Det tog nog inte många halvtimmar innan jag var inne på hans linje. Inte ville jag att vårt nykära liv skulle vara slut just då, inte egentligen.

Men det kunde ha blivit då vi blev föräldrar. Jag kunde ha blivit gravid då, innan jag hade pluggat klart, innan jag flyttade till en ny stad, innan allt. Många får barn mitt i en sådan period och det brukar visst gå rätt bra för dem med.

Men vi bestämde oss för att vi inte var där än. Det var inget stort beslut. Jag gick till min föreläsning, tog några öl på Kvarnen och tänkte att, njä, jag kommer nog att blir mer redo längre fram. Om jag bara blir lite äldre, närmar mig trettio, då kommer det att falla sig naturligt.

Så mycket för den biologiska klockan. Glömd över en öl och en natt på Kvarnen. Och den kom inte tillbaka, inte ens när det blev dags för oss att fatta ett beslut om barn på riktigt.

Jag är verkligen tveksam: finns det där inre maskineriet som säger till oss kvinnor att nu, nu är det *dags*? Om det finns olika uppfattningar, men jag är helt övertygad om att maskineriet i alla fall inte finns inbyggt i alla.

> Jag har en obeskrivlig längtan efter att vara gravid igen och få fler barn. Som en dragning efter något, dock inte alls på ett logiskt plan, eller ens känslomässigt just nu. Trivs jättebra som vi har det. Men ändå som en drift som viskar lite i bakhuvudet, något jag vill klia på liksom.
>
> Alexandra, förälder till ett barn, 2,5 år

Den biologiska klockan tickade definitivt inte i mig – jag har aldrig känt mig redo för föräldraskapet. När jag var några år äldre och hade drabbats av mina första (men inte sista) utmattningssymptom på grund av jobbet väntade jag fortfarande på att livet skulle falla på plats och säga till mig att nu, nu är det perfekta läget. Ögonblicket då vi skulle se på varandra och VETA.

Det kom små frågor från olika håll. Våra föräldrar började önska sig barnbarn, ”livets efterrätt”. De sa det aldrig rakt ut, men små helt välmenande antydningar kan få en förvirrad, tvekande person att tänka väldigt mycket, väldigt länge.

”Sen om du får egna barn, då kan vi ...”

Eller:

”Åh, vilken söt babyklänning, jag minns hur du brukade gå och titta på sådant när du själv var liten och säga att dina egna barn skulle ha dem. Sen någon gång kanske du kan ...”

Tidningsrubriker lockade. Jag såg gravida kvinnor överallt på stan. Barnklädesavdelningarna började plötsligt te sig fascinerande på ett nästan oförklarligt sätt.

Kanske var det bara min egen känslighet som gjorde att jag uppmärksammade de små vinkarna, men visst är det något i hur samhället är utformat som gör att det är svårt att acceptera att ett par som varit tillsammans i flera år och är runt trettio inte har barn? Det faktum att vi ännu inte hade pratat om familj verkade allt mer som ett ställningstagande än som något som bara blivit. Som att vi var tvungna att välja. Och då började hjärnan arbeta fast vi kanske inte alls tänkt oss det.

Föräldraskapet fanns inte runt oss, inte som en naturlig del av vårt dink-liv med resor och massor av fritidsintressen. (Dink = Double Income No Kids. Alla deltidsarbetande småbarnsföräldrars motsats och motvilliga önskedröm efter en lång period med återkommande magsjukor.) Vi hade inte många vänner som fått barn. Och de som hade barn, verkade inte tänka på annat än barnen. Det gick inte att göra något spontant, de var trötta, trodde att vi inte ville något annat än att höra om barnets olika framsteg och bakslag. Vilket skrämde mig. Jag var precis i början av livet efter utbildningen, jobben rullade in och jag älskade att resa på långa, gärna spontana, resor. Skulle det vara slut med allt sådant om vi fick barn? Det kändes väldigt lätt att se allt vi skulle förlora, men oklart vad vi skulle få istället. Jag tyckte också att jag var väldigt självständig och härlig, hur skulle ett barn kunna passa in där? Hur skulle jag kunna spontangå på konsert, fortsätta frilansa med oregelbunden inkomst och resa till Färöarna en vecka med kort varsel?

Jag hade inte träffat särskilt många bebisar. Som yngst i en syskonskara har jag alltid blivit omhändertagen och pysslad med, men inte riktigt gjort det med någon annan (utom mina marsvin, hamstrar och undulater och det gjorde jag ärligt talat inte särskilt bra, inte ens som vuxen). Småbarnsliv tedde sig som väldigt mycket yttre attribut som barnvagnar, små små kläder, bilbarnstolar och babysim. De inre känslorna och hur en bebis faktiskt är hade jag inte mycket koll på. Martin visste lite bättre, som bror till tre halvsyskon. Det berättades lite om kolik, vaknätter och trötthet, men det var mycket svårt att förstå att det skulle angå mig. Visst, jag ville ha barn, det kändes som ett naturligt nästa steg i livet. Men när? Beslutet kändes stort och överhängande och vi löste situationen genom att inte prata om det så mycket.

> Jag har aldrig haft en längtan efter barn. Mest därför att jag var övertygad om att jag inte skulle klara av att ta hand om ett. Jag träffade människan som jag nu är gift med, och han å sin sida var helt fäst vid tanken på att han skulle bilda familj. Inte så att han tvingade in mig på det spåret, absolut inte, men han var så säker och jag kände mig trygg med honom och vår relation, att vi ett par år in i förhållandet sa att "äh vafan, vi testar!" Så, barnet vi har var i allra högsta grad oplanerat planerad, om man kan säga så, och det bästa jag någonsin gjort. Satan vad modig jag känner mig, såhär i efterhand!
>
> Elin, förälder till ett barn på 4 år

”Den biologiska klockan”. Jag tål inte att höra om den. Det finns något nedlåtande i begreppet. Får män någonsin höra om *sin* biologiska klocka, och okontrollerade kroppar som ”tvingar” dem att vilja ha barn?

”Jag tror att den biologiska klockan är socialt konstruerad. Man ser folk omkring sig i sin egen ålder som har fått barn, får frågor om det inte är dags för en själv, blir fostrad i uppfattningen att få barn är ’ett logiskt nästa steg’”, säger min vän G som har två barn.

Jag håller med. Vi har sett att samhället genomgått en förändring: en typisk förstföderska är runt 30 år (genomsnittet i landet varierar mellan 25 och 32 år) istället för runt 23 år som på 1970-talet. Om det alls finns någon biologi i den statistiken (från Socialstyrelsen) så finns det i alla fall flera andra parametrar också, och de handlar om sociala föreställningar och livsmönster. Rent logiskt hade jag väl annars blivit förälder efter mitt bebisinfall på Uppsalapendeln som 23-åring.

Jag var livrädd för jämställdhetsfällan också. Fick för mig att vi skulle vara tvungna att leva enligt en traditionell familjenorm, där jag skulle vara hemma och Martin jobba. Där jag skulle halka efter i arbetslivet och han få dålig kontakt med barnen för att han jobbade så mycket. Som mamma skulle jag förvandlas till något jag inte var, en qvinna med stort Q som med glädje stod hemma och bakade bullar och skickade min portföljbärande man till jobbet medan barnen hängde i mina kjolar. Till någon som känner att ”det rycker i livmodern” när det är dags att ”sätta i gång” med nästa barn, och nästa.

Och med det sagt kanske det inte var konstigt att jag började läsa undersökningar om småbarnsföräldrar som visade hur mycket småbarnspappor jobbar jämfört med mammorna.

Statistik från Försäkringskassan visar på en stadig ökning av föräldralediga fäder, även om många menar att det går för långsamt. Förra året tog papporna ut 20,6 procent av föräldraledighetsdagarna.

Ur artikeln "Deltid för bägge ger klirr i kassan", *Göteborgsposten*, april 2007

Det var 2007 men allt ser fortfarande ungefär likadant ut: papporna i Sverige tar ut en mycket mindre del av föräldradagarna än mammorna. Det var statistik som talade till mig och jag hade svårt att acceptera att det inte skulle bli så för oss, att vi faktiskt inte skulle bidra till de negativa siffrorna, utan tvärtom.

Jag funderar ofta på varför jag tänkte så. I vilka andra sammanhang kan statistik på befolkningsnivå appliceras direkt på ens eget liv? Egentligen var det självklart för oss att vara hemma lika mycket när (förlåt *om*) vi skulle få barn, ändå tittade jag på statistiken och fick panik över att jag skulle tvingas ta ut 81 procent av föräldradagarna. Den tendensen, att ständigt snegla på normalkurvor och statistik, återkom många gånger under de första åren som förälder.

När jag var liten var min egen mamma hemma med mig tills jag var sex år, medan pappa jobbade. Anledningarna var många och jag har ingen kritik mot deras val. Men när jag var gravid var det rollen som min egen mamma jag försökte sätta in mig själv i och då var jag var plötsligt livrädd för den. Jag ville inte vara hemma så länge!

”Du behöver ju inte vara hemma länge, det beror helt på vilken sorts barn ni får”, sa min mamma som inte alls alltid varit hemma, utan började jobba direkt efter att hon hade fått mina äldre bröder. Jag vet nu att jag feltolkade hennes ord. Speciellt med tanke på att anledningen att hon var hemma med mig var att hon inte hade något jobb och att familjen precis hade flyttat från Finland till Sverige. Hon försökte bara lugna mig, en omöjlig uppgift. Försökte förklara att alla barn och familjer är olika och att jag inte skulle lyssna så mycket på hur andra har det. Så tolkade inte jag det, utan tog henne på orden och en lång period därefter kändes det som att jag skulle vara helt i händerna på mitt barns personlighet. Med en ”bra” personlighet skulle barnet kunna gå på förskola och jag skulle kunna jobba. Hade det en ”känslig” personlighet skulle jag vara tvungen att anpassa mig, vara hemma på heltid i flera år och försaka precis allt annat.

Det här var inget jag pratade om med vare sig vänner eller BVC, för det lät fruktansvärt naivt. Ändå var det precis så jag tänkte att det var. Mellanvägar tycktes inte finnas, det var antingen eller. Och det gällde bara mig, att det skulle finnas en andra förälder som också påverkades fanns liksom inte i tanken. Att vi skulle kunna få ett barn som faktiskt hade något funktionshinder eller att något skulle kunna gå fel var jag medveten om, men det var inte heller vad mina tankar kretsade kring – de handlade om ”personlighet”.

Tankarna var helt klart en del av att hela föräldraskapet kändes som en obegriplighet, det var helt omöjligt att föreställa sig hur det skulle bli så jag sysselsatte mig med att placera in mig själv i andra människors liv istället, för att sen känna enorm stress över olika tänkta scenarion som med största sannolikhet aldrig skulle äga rum.

> Personligen har jag aldrig känt av den biologiska klockan. Däremot vet man ju att det blir för sent till slut. Vad gäller begreppet så har jag nog inte förstått det som längtan efter barn utan mer just att tiden går.
>
> Agneta, förälder till ett barn på tre år och gravid

Ja, däremot tickar visst tiden och den kan vara lika påtaglig som en biologisk klocka. När jag närmade mig trettio, då började den yttre pressen påverka allt mer. Undrar om det inte var känslan av att vi inte ville vara sist som fick oss att tänka att vi var redo? Vi bestämde oss i alla fall till slut, och när det hände är svårt att säga. Det var inget uttalat ”beslut” som vi tog efter en diskussion med listor på för- och nackdelar och samtal om vår relation. Istället växte en sorts känsla fram, känslan av att det vore spännande med nästa steg.

En annan sak påverkade oss också. En nära vän ville väldigt gärna ha barn och hade kämpat med det länge, så länge att hon och sambon var inne i en utredning med ”provrörsbefruktning”, IVF, hormonpreparat och svåra känslor av frustration att hantera.

”Vänta inte! Om du ens funderar på saken så vänta inte. Det kan ta flera år, det är lika bra att börja försöka”, var hennes råd.

Att jag inte skulle kunna bli gravid när jag väl ville, var något som inte ens gick att föreställa sig, och hennes ord bidrog starkt till att jag kort efter vårt samtal blev gravid och hann föda barn innan jag fyllde trettio. Vi var mycket nära att döpa vår dotter efter henne.

Och det är också något viktigt att fundera över. Det är faktiskt inte självklart att en kvinna alls kan få barn eller att hennes partner kan. Ändå är hela samhället inrättat efter normen att alla som vill självklart också kan. Att få pikar om barn innan beslutet om familj är fattat är en sak, men att få dem när man kanske redan i flera år har försökt, kämpat, gått på utredningar, gråtit och suttit med test efter test utan det efterlängtade pluset – det går inte att föreställa sig för den som inte varit där. Jag har inte varit där men frågan väcks: hur hade det varit?

Gravid?!

”Du vet väl att du inte kan få gula febern-vaccin om du är gravid? Är du det?”

I ett slitet rum på en vaccinationscentral kom frågan. Jag och Martin skulle resa till Senegal, hade köat tillsammans med andra blivande resenärer som skulle få hepatitsprutor och malariavaccin och nu var det vår tur. Sköterskan såg strängt på mig och jag kände mig liten på britsen i vårdrummet där avlägsna rop från torghandeln nedanför huset ekade.

”För om du är det får vi nog skjuta på det här.”

Jag stirrade ner på mina bleka händer. Sen stirrade jag på Martin bredvid mig.

Gravid? Var jag det? Hans blick var lätt panikslagen, förvirrad och speglade min egen precis.

”Nja... Nej.”

”Och du får inte blir gravid på ett tag efter sprutan heller.”

”Ja. Okej.”

Och det var bestämt. Jag fick inte bli gravid på ett tag men sen fick jag det. Sjuksköterskan på vaccinationscentralen formulerade lite bakvänt vårt beslut att vi efter snart fem år tillsammans skulle bli en familj, min sambo och jag. Vi har alltid varit dåliga på att diskutera stora beslut i livet så det kändes helt rätt att någon annan, varför inte en främmande sköterska, gjorde det åt oss. Jag skulle säkert ändå inte bli gravid direkt, sa vi till varandra samma kväll. Absolut inte, det kan ta lång tid, det vet ju alla.

Vi reste på luciasemester till Afrika, fullproppade med vaccin, och kom hem och firade jul. Jag påbörjade ett nytt vikariat direkt efter nyår. Och kanske två veckor in på vikariatet började något kännas annorlunda. Som åksjuka ungefär, med tillhörande akut grapefruktsug. Inte riktigt som vanligt, sammanfattningsvis. Jag tvekade inte, utan köpte med en svagt svindlande känsla två graviditetstest på Apoteket i Västerås under en dagskonferensresa och åkte direkt hem och kissade på dem.

Egentligen visste jag redan.

Båda testen visade ett starkt plus inom sekunder.

Jahapp.

Det tog inte ens en månad.

Gravid. På tjocken. Knocked up.

Raskaana, som det står på de dyra digitaltesten som berättar inte bara att en människa är gravid, utan också hur långt det har gått. Raskaana. Ett ord på finska som jag för alltid kommer att kunna.

Den stunden. Alla detaljer är fortfarande glasklara. Badrummet med den sneda dörren på glänt, handfatet med tandborstkaoset, mina fötter på badrumsmattan, tystnaden i lägenheten som jag just kommit hem till och ljuset som föll in genom vindsfönstret.

Det kändes totalt overkligt, väldigt oåterkalleligt och underligt glasklart.

”Förlossning”, var min första tanke.

Förlossning.

Den andra tanken var att ringa Martin på jobbet och berätta. Men jag väntade tills han hade kommit hem innan jag med lagom chockad min mötte honom i dörren för att meddela nyheten.

Han blev helt ställd och jag blev inte förvånad över det.

Två högutbildade människor som lever tillsammans, man skulle ha förväntat sig att vi förstod att om vi ligger med varandra utan skydd, då kan det bli barn. Men vi kunde inte tro på det, att det hade gått så fort och enkelt. Är det ens lagligt? Det kändes som att vi borde ha skickat in en ansökan till Försäkringskassan eller någon annan instans för att ha rätt att vänta barn, det kan väl inte hända sådär bara?

På en sekund förändrades livet, från att ha varit lite planlöst till att bli fokuserat på dagar, veckor och senare timmar, minuter, till och med sekunder (det var när jag satt och tajmade mina värkar på en speciell värk-hemsida).

Dagen efter pluset var vi rastlösa. Det kändes stort, för stort, att ingen annan visste vad som hänt oss.

”Vi måste göra något som får allt att kännas vanligt”, sa Martin.

Så det första vi gjorde som blivande föräldrar var att åka till Stockholm för att fika, shoppa klänningar (med plats för en mage), äta ute och berätta nyheten för min närmaste vän.

”Jag är med barn”, viskade jag i hennes öra när vi köade till kaffedisken. Och rodnade. Det kändes som att jag sa något förbjudet, nästan oanständigt. Martin ringde samtidigt sin närmaste vän och berättade. Men det kändes ändå inte mer verkligt, utan fortfarande som att vi inte riktigt hade rätt att vara med om det här utan att ha fått det godkänt någonstans. I blankettlandet Sverige där vi ansöker och ansöker och skriver under och kryssar i och skriver CV och anmäler oss till platsbanken och väljer el – skulle vi verkligen kunna göra en så här stor förändring i våra liv på eget initiativ?

Jag tror min främsta tanke bestod i brist på självförtroende: ”Ska JAG ta hand om den här personen nu?! Ska ingen kolla mig? Hur ska jag veta vad jag ska göra?” Den klassiska känslan att Socialstyrelsen borde komma och kolla mig och ge mig en godkäntstämpel. Det var innan förlossningen.

Eleonor, förälder till två barn, två och fyra år

Vad hände?

Det gick väldigt fort att bli gravid. Men inte alls lika fort att *förstå* att jag var gravid. Och att nu när jag var gravid var jag inne på ett spår av förväntade känslor och beteenden som jag inte kunde avvika från. Eller, hade jag velat avvika hade jag kallats ”alternativ”, jag hade fått höra om riskerna jag utsatte mitt ofödda barn för, hade kanske missat något viktigt trots att jag själv bar den stora händelsen inom mig.

Det känns som att en kvinna förväntas förvandlas till normen när hon blir gravid. Det statistiken säger, det samhället har ordnat åt oss blivande föräldrar, är rätt. Ingen idé att ifrågasätta.

Så jag körde på, fast jag inte riktigt hängde med känslomässigt eller funderade på vad i allt detta som passade just mig. Hur skulle jag kunna veta det?

Måndagen efter vårt famlande försök att göra något ”vanligt” accepterade jag läget och hoppade på tåget för nygravida.

1. Ringa mödravårdscentralen för att få komma på inskrivning men få veta att det är för tidigt.
2. Läsa på Livsmedelsverkets hemsida och oroa sig för brieostar och sushibitar jag har ätit senaste veckan.
3. Känna efter om jag mår illa.
4. Må illa.
5. Göra vad som helst för att dämpa illamåendet.
6. Sova.
7. Planera för hur vi ska kunna hålla graviditeten hemlig genom att smuggla in alkoholfritt i en vinflaska på en fest.

8. Må illa.
9. Göra vad som helst för att dämpa ... osv ...
10. Ringa mödravårdscentralen.

Och börja om igen. Ungefär så såg första tredjedelen av graviditeten ut. Sen tillkom allt fler punkter ju närmare förlossningen kom. Och jag har ju alltid varit duktig på att gå på allt och göra som man ska. Så det började med inskrivning på MVC, fortsatte med kontroller, ultraljud, föräldrautbildningar, mer ultraljud och mängder av olika enkäter (vi bor i en universitetsstad vilket innebär ett ständigt inflöde av förfrågningar om att delta i olika forskningsprojekt, som jag sällan väljer att säga nej till). Jag gick på yoga och försökte känna vårt ofödda barn inom mig. Jag irriterade mig på alla som försökte gissa om det var en pojke eller flicka och ifrågasatte varför vi inte ville veta det på ultraljudet. Jag blev klappad på magen av en manlig tv-kändis jag träffade genom jobbet. Jag försökte känna den svindlande självklarhet och lycka som jag hade för mig att blivande föräldrar skulle känna. Köpte gravidkläder. Smörjde in magen med olja från hälsokostaffären (och andra ställen på kroppen med en annan olja, som skulle hjälpa till för en smidigare förlossning). Läste alla böcker. Gick på spa och gjorde en gravidbehandling som gav mig utslag i ansiktet.

Istället för att välja det som jag kände för gjorde jag allt. För jag visste inte vad jag ville.

Tur för obeslutsamma mig att det fanns ett graviditets-spår att gå på.

Det var bara att hänga på.

Eller, kanske inte så väldigt stor tur.

Jag upptäckte konstigheter överallt. Ifrågasatte allt och kände mig ofta som att samhället försökte trycka in mig i en form: den gravida kvinnan, i ett parförhållande, som har ett fast jobb och ska vara föräldraledig ett år för att sen "avlösas" av pappan. När vårt barn skulle bli två skulle det vara syskon på väg och då skulle jag precis hunnit jobba upp min SGI (sjukpenninggrundande inkomst) inför nästa föräldraledighet.

Tråkigt bara att det enda som stämde in på mig av allt det där var att jag var gravid. Inte gift, inget fast jobb, ville inte vara föräldraledig någon längre tid, och min sambo ville inte vänta tills vårt barn var ett år. Jag var glad att jag hade kunnat bli gravid så fort men fast jag ville ha ett barn var de känslorna uppblandade med oro och en stark känsla av att vara ständigt iakttagen och ifrågasatt av en odefinierad omgivning. Jag kände mig inte "välsignad" och lycklig hela dagarna. Tvärtom var jag mer orolig än vanligt.

Helt normala känslor.

Ändå: förbjudna känslor som få vågar prata om. Och det allra mest förbjudna, det som jag upplevde starkt också under min andra graviditet, är så starkt tabubelagt att jag fortfarande har svårt att prata om det utan att lägga till ett *men* i slutet av meningen. Det var känslan av att inte vara lycklig. För lycklig, det *ska* en människa som ska få barn vara. Det är ju magiskt, en gåva, inte alla förunnat. Och så vidare. Alltså kom skuldkänslorna snabbt de dagar jag kände mig nere, förvirrad, nervös och orolig och jag ifrågasatte mig själv som inte kunde hitta glädjen i varje enskild stund.

Och oron. Oro som inte handlade om barnet utan om mig själv som person.

Min största oro under min första graviditet var att jag skulle bli en ensam förälder. Jag bar på en inre bild av mig själv sittandes vid köksbordet i en grå förort med regnet hällande ner utanför fönstret medan Martin var på jobbet. Ett skrikande barn i famnen, en kallnad kopp kaffe på bordet och ett paket gula Blend i fickan (jag tänkte mig alltså att jag skulle börja röka efter att jag hade varit gravid, tvärtom mot alla som slutar när de väntar barn, det passade in i den deppiga bilden). Ingen som ringer, alla ute i livet på sina jobb och fikor och promenader.

”Du kommer inte att bli ensam. Du är inte ensam nu och du kommer inte känna så, inte när du har en annan människa med dig”, sa min vän Karin. Hon tillverkade till och med ett halsband till mig som jag sen alltid hade på mig, med ett litet meddelande i: *Du är inte ensam och kommer aldrig att bli. Vad du än känner just nu, så det så.*

En annan människa med mig. Hela tiden. Mitt barn. Det gick inte att föreställa sig hur det skulle kännas.

Ord och inga visor: du *kommer* inte att bli ensam. Det behövdes nog. Mina vänner tjatade om det, Martin tjatade, mamma tjatade: du har oss. Du har barnet.

Men det var svårt att lyssna.

Att vi redan bestämt att jag inte skulle vara hemma på heltid någon längre period spelade tyvärr ingen roll. Oron fanns där, den gnagde orimlig och oresonlig på mitt hjärta medan magen växte och små händer och fötter började tryckas mot min bröstkorg inifrån. Känslan av att det kanske inte skulle räcka, att resten av livet, gnistrande och lyckligt, skulle fortsätta någon annanstans fanns också där.

Och det fanns inte någon att prata med heller, för jag kunde inte riktigt sätta ord på mina känslor som var nya och obekanta.

Även om ett barn är planerat och efterlängtat är det inte ovanligt att både kvinnan och hennes partner kan börja ifrågasätta sig själva, och till exempel undra över om man verkligen är redo att bli förälder. Man kan uppleva det som provocerande om den ena i förhållandet uttrycker sin osäkerhet och den andra parten känner sig lycklig. Eftersom de här känslorna är mycket vanliga kan det vara bra att prata med varandra. Det betyder oftast inte att man verkligen ångrar sig, utan att man har vanliga funderingar inför ett vägskäl i livet.

Från 1177.se, Råd om vård från Sveriges landsting

Jag väntade på och funderade över stunden då jag skulle känna att jag förvandlades till en FÖRÄLDER. Kanske skulle den komma när jag var höggravid? Kanske strax efter förlossningen? Det måste ju komma ett ögonblick då det gamla livet definitivt är slut och det nya har börjat. Väntan på den stunden var nästan outhärdlig och inte enbart präglad av spännande förväntan – och definitivt inte av ”boande”, ett uttryck som jag ogillar nästan lika mycket som den biologiska klockan. Hur underbart hade det inte varit om jag plötsligt hade börjat älska att städa och inreda bara för att jag var gravid? Tyvärr, kan jag meddela, händer det inte alla.

Graviditeten är inte föräldraskapet. Ändå tog jag min jobbiga graviditet som ett tecken på att jag hade misslyckats på något vis och inte var riktigt fullvärdig. Skuldkänslorna gnagde och gnagde. Särskilt då när lyckan kom på tal. Och kommentarerna: ”Vänta bara, passa på att sova nu för sen kommer det bli jobbigt”. ”Se upp, kroppen du hade får du aldrig tillbaka.” Frågorna visade mig än mer att jag inte hade kontroll över vad som skulle hända. Så jag stängde in mig istället, vägrade att tänka på första tiden med barnet, det skulle väl lösa sig. Det brukade ju liksom lösa sig för mig.

Det var som att hudens yttersta lager var borta.

Äldre generationers synpunkter på min graviditet kändes allra värst. Deras föreställningar om hur jag skulle vara och vad jag skulle göra kändes som om de omöjligt kunde handla om mig. Visst skulle jag vara hemma ett år? Visst var Martin DUKTIG som skulle vara pappaledig? Kommentarer som vittnar om ett annat samhälle, en annan tid. Ändå tog jag dem som tecken på att jag skulle bli en fånge. Aldrig mer obekymrat festa på indieklubbar och konserter fyra, fem kvällar i veckan. Aldrig mer resa bort utan grundlig planering för hur allt ska flyta på hemma. Aldrig mer äta middag när jag vill, sova när jag vill, prata med mina vänner när jag vill.

Att det var flera år sen jag var tjejen som obekymrat festade spelade mindre roll. Att jag tyckte livet kändes lite tomt och planlöst och att jag verkligen ville ha barn spelade inte heller roll just då. Allt som spelade roll var den stora förändring som skulle komma och kanske radera ut allt jag tyckte att jag stod för.

> Efter att jag fick barn förändrades allt. Jag kände inte igen mig själv. Allt det jag förut hade förknippat med den jag var fanns inte längre tillgängligt. Ravefester till tidiga morgonen – eh skulle inte tro det. Att känna alla i stans nattliv, komma in överallt, spela skivor ute... Jag visste knappt vilken låt som låg etta på Tracks... digilistan längre. Den där coola indiebruden som varit jag så länge var borta och det tog ENORMT lång tid för mig att inse det, och att bli okej med det. Länge jämförde jag allt som hände med den jag var förr. Träffade jag en ny bekant tänkte jag att hen inte lärde känna mig på riktigt för jag var inte som jag borde vara.
>
> "Förortsmamman" på bloggen "Godmorgonmyass", september 2013

Det var något med den oundvikliga förändringen graviditeten förebådade, ivrigt påhejad av samhällsbilden av föräldraskapet, som gjorde att jag blev alldeles kall, rastlös och vansinnigt trött på samma gång. Alla möjligheter jag förut hade vänt ryggen åt, nu framstod de som saker jag verkligen ville göra ... *om* det nu inte hade varit så att jag råkade vara gravid.

Kanske är det därför platsannonser och funderingar på bostadsbyte aldrig verkar lika intressanta och relevanta som cirka tre dagar före beräknad förlossning?

Nu vet jag hur det nya livet ser ut. Och behovet av att hävda mig har, utan att jag märkte hur, minskat. Men en sak jag vill bara berätta ändå, för att få det ur världen en gång för alla och sen kunna fokusera på annat: en gång var jag en cool tjej som gick på konserter, backpackade runt världen, valde killar efter deras musiksmak och skomodell, bodde i en lägenhet där jag hade efterfester och jag åkte till Roskildefestivalen åtta gånger.

Faktiskt.

Ett barnsligt behov av att hävda sig försvinner inte för att barnen kommer. Och nu kan vi gå igenom resten av historien utan att jag behöver nämna det igen. Eller, kanske vi kan nämna det då och då. Jag är ju faktiskt den personen fortfarande. Också. Det är vi alla – vad än MVC och Försäkringskassan säger.

Kursen

Idag har vi varit på vårt första riktiga äventyr: fika med några från föräldrautbildningen. Det var en lustig känsla att träffa tjejerna som jag senast var höggravid med, nu med sina bebisar. Vi hade alla helt olika upplevelser med oss, men vi tre som genomgått en förlossning (en hade kejsarsnitt) var överens om att den inte var som vi föreställt oss, och att det var mycket hemskare och gjorde mycket mer ont än vi trott.

Vi blev lurade på föräldrautbildningen, helt klart. Fick se en film där tre mammor födde sina barn utan större plågor. Åtminstone jag kände mig då lättad efteråt och tänkte att "kanske blir det helt ok ändå".

Men nej.

Min egen blogg, november 2007

Gravid i vecka 34 av 40. Bebisens rörelser gjorde att magen liksom böljade. Den randiga gravidtröjan som inte längre gick ner till kjolkanten åkte envist upp medan strumpbyxorna gled ner. Inget var riktigt bekvämt, inte sen till och med gravidkläderna började kännas minst en storlek för små. Vi satt på hårda stolar i konferensrummet på vårdcentralen, med utsikt över en grusklädd parkering och sensommarblommande buskar. Fem blivande mammor, fem blivande pappor, med små plastmuggar med vatten och vita koppar med kafeteriakaffe i händerna. Inplastade Delicatobollar. Vi visste varandras namn och varandras yrken: sjuksköterska, förskollärare, restaurangchef, doktorand, journalist. Vi skulle få barn samma månad, kanske samma dag. Det var föräldrautbildning och en barnmorska undervisade under tre tillfällen om det viktigaste vi behövde veta inför föräldraskapet. Vi hade redan fått veta en del om varandras graviditeter, lite om foglossning (tyvärr inget om hur man blir av med den, verkar inte finnas någon lösning där) och rädslan för att äta brieost och sushi. Papporna hade fått prata i grupp om hur de ”kände sig” (vilket tydligen innebar fotboll, enligt min totalt sport-ointresserade man), medan vi mammor diskuterade begagnade barnvagnar och viktuppgång. Den snabba tanken hade redan slagit mig, hur det hela skulle arrangerats om det hade varit två mammor i ett föräldrapar i gruppen. Eller kanske två pappor och en mamma. Eller singelföräldrar. Men jag ställde inte frågan, vilket gnager i mig. Vi fick se hur bebisen, en docka i barnmorskans hand, rörde och vred sig genom ett plastbäcken och vi fick berätta vilken smärtlindring vi tänkte välja. Förlossningsfilmen, den med Gudrun Schyman som jag vet att mina kompisar i andra landsting fått se och som sägs vara realistisk, dök inte upp. Däremot fick vi titta på några andra förlossningar som, med eftertankens vishet, var kraftigt underdrivna. En hel film handlade om hur barnet söker bröstet ”automatiskt”.

”Ser ni, ser ni? Nu söker barnet! Är det inte fantastiskt!” ropade barnmorskan. Vi suckade medhållande, jo, det är fantastiskt. Det här med att föda barn är helt magiskt och massor liksom händer bara av sig själv, så verkade det.

Barnmorskan såg ut över gruppen.

”Nå, hur har ni själva tänkt kring amning? Vad tänker ni på när jag säger det ordet?”

Nu händer det, tänkte jag. Nu ska vi för första gången prata om vad som ska ske under veckorna efter förlossningen för just oss. Första tiden med barnet. Flera av oss sträckte på oss lite. Skulle vi nu få veta något om hur verkliga bebisar beter sig, något om hur det kan bli om inte allt sker ”automatiskt”? För inte kunde det väl vara så ... enkelt?

För mig var det blivande föräldraskapet en gåta, en omöjlighet. Amning, till exempel, var en helt abstrakt företeelse.

Och helt förståeligt, när hon frågade vad vi tänkte på blev svaren svävande. Någon sa att det skulle bli mysigt och barnmorskan nickade bekräftande. Någon annan sa att det är mat, hon fick också en nick.

När turen kom till kvinnan bredvid mig, Lisa, hon som blivit min bundsförvant som jag gick och fikade och åt jättelika bakelser med på arbetstid, sa hon något annat.

”Svårt.”

Barnmorskan blev intresserad.

”Hur menar du då?”

”Jag har hört att det kan vara jobbigt och svårt att amma.”

Flera av oss vände sig mot henne. Lite som i högstadiet när någon vågade ställa en fråga på samhällskunskapen utan att räcka upp handen.

”Ja, så kan det ju förstås kännas, men det där löser sig alltid”, sa barnmorskan och gick vidare, började prata om förlossningen igen och mer om hur barnet skulle komma att ”söka sig” till bröstet.

”Det man inte tror ska gå, det klarar man. Det kommer liksom oanade krafter när man får barn, det är svårt att förklara på något annat sätt.”

Efteråt har jag alltid tänkt att hon såg besvärad ut. Som att hon satt på ett facit som vi inte skulle få se, för då fanns risken att vi inte skulle sköta oss. Som om vi skulle kunna ta tillbaka beslutet att vara gravida och få barn om vi fick veta att det kan komma en jobbig tid efter förlossningen, att amningen kan vara plågsam, som ett fängelse och att det kan kännas som att absolut ingenting sker ”automatiskt”.

Antagligen såg hon inte ut så.

> Hon som hade kursen påstod att tack vare amningen fick vi mammor så mycket av hormonet oxytocin så vi skulle inte tycka att det var jobbigt att gå upp på nätterna och amma och byta blöjor. Men att det däremot skulle vara mycket jobbigare för papporna att gå upp på natten, eftersom de inte hade lika mycket av hormonet. Så vi skulle låta de stackars papporna sova. Jag blir fortfarande irriterad när jag tänker på det!
>
> Maria, förälder till tre barn, 6, 3 och 0 år

Jag vet mycket väl att alla gravida kvinnor och deras eventuella partners är olika. En del vill inte veta för mycket och mår bra av att handla på känn, andra behöver ha tillgång till all information för att känna sig trygga. Det behöver mödravården vara medveten om och tillgodose alla behov. Men framför allt ska det inte ljugas: ”Ni *kommer* att komma över amningsproblemen.” ”Ni *kommer* att orka för det uppstår oanade krafter när man får barn.”

Det var faktiskt allt vi fick veta om amning på föräldrautbildningen, och i princip allt vi fick lära oss om första tiden med våra nyfödda barn. Resten av kursen ägnades åt förlossning och när mitt barn föddes visste jag allt om formen på mitt bäcken och hur navelsträngen skulle klippas, men inget om hur chockad jag skulle vara när jag svettig satt med mitt nyfödda barn i famnen. Hur ovant det skulle kännas när barnet sökte mitt bröst. (Automatiskt? You tell me, jag var för trött för att märka.) Hur svårt det nya ansvaret skulle kännas. Och hur lite den känslan egentligen hade att göra med själva barnet, som bara fanns där, självklart, och tog upp sin plats i världen.

Det var väldigt lite i den där utbildningen som hade med föräldraskapet att göra, så känns det.

> Vi var på förlossningsförberedande kurs (var snarare en föreläsning). Som blivande pappa var det slående hur "sekundär" man är i allt som har med förlossning att göra. All information är riktad mot mamman. Pappan får veta vad som kommer hända med ens partner, man får höra att man är bihanget och ens huvudfunktion är att ge sin partner stöd. När sen barnet kommit är man nummer tre i rangordning och ska fokusera på att säkerställa mammans och barnets behov. Man får höra att man ska göra nytta genom att avlasta mamman på praktiska sätt, "ta hand om markservice" osv.
>
> Det är en nyttig påminnelse, absolut, men kändes väldigt könsstereotypt i alla avseenden. Jag gillar alltså inte hela grejen med att man redan innan förlossningen, och upp till ett antal månader efteråt befäster stenålderstanken att mamman är den viktigaste föräldern.
>
> Amningsfascister hatar säkert mig för det här, men jag tycker det är viktigare att pappan är lika nära den nyfödda bebisen som mamman, än att den helammas konstant.
>
> Andreas, pappa till tre barn, 3, 6 och 16 år.

Varför får många blivande föräldrar ingen utbildning i föräldraskapet, det verkliga föräldraskapet? Det som gör ont och känns hisnande på samma gång, som kan kasta en mellan hopp och förtvivlan, som håller en sömnlös och som tar fram känslor som bara funnits gömda i det undermedvetna? Förlossningen –

den måste vi ju ändå gå igenom, det finns inget val och tydligen har alla utbildningar för väldigt, väldigt många ändå inte den effekt de förväntas ha.

Jag diskuterade en gång det här med en annan förälder utanför barnens förskola. Hon berättade att hon gått på profylaxkurs under graviditeten, förberett sig och tänkt igenom alla tänkbara scenarion många gånger. Sen fick hon en väldigt tuff och traumatisk förlossning.

”Det kändes som att det var mitt fel, jag som inte klarade av det fast jag hade gått en kurs och förberett mig så mycket. Det läggs väldigt mycket ansvar på kvinnan under graviditeten, ansvar för sådant som ändå inte går att påverka”, berättade hon.

> **Psykoprofylaxkurser ger inte fler naturliga förlossningar.** Kejsarsnitt och ryggbedövning är precis lika vanligt bland de kvinnor som har lärt sig avslappning och andningsteknik inför förlossningen, enligt en ny studie från Karolinska Institutet. Syftet med föräldrakurser i andning, avslappning och mental träning är att ge fler så kallade naturliga förlossningar. Men en ny studie från Karolinska Institutet, publicerad i British Journal of Obstetrics and Gynaecology, visar att kurserna inte har någon effekt.
>
> *Dagens Nyheter*, maj 2009

”Vårt hårdaste jobb är att jobba med blivande föräldrars egna förväntningar på hur det nya livet ska bli.”

Vi sitter i ett samtalsrum på en familjeenhet i Uppsala. I fönstret ligger näsdukar, en låda med leksaker på golvet. Karin Nyström som arbetar här är familjebehandlare och möter dagligen föräldrar, barn och andra anhöriga som inte mår bra. Hon håller i kurser via MVC – en helt annan MVC än den jag själv varit inskriven på – för blivande föräldrar. Kurser med ett brett och informativt innehåll. Där berättar hon om förlossningsdepression och hur en relation kan förändras efter barnets födsel. Hon märker att det kan vara svårt att få igång ett samtal kring livet efter förlossning med blivande föräldrar.

”De har så mycket frågor, och nästan allt handlar om förlossningen. Att det kan vara jobbigt efteråt, det verkar nästan tabu”, säger hon.

Det är väldigt vanligt att den som nyss genomgått en smärtsam förlossning inte mår så värst bra, alldeles oavsett hur förlossningen varit. Amningen kanske krånglar, man har ett ansvarsområde i livet som har förvridits helt, är trött och tagen. Ändå oroar man sig för lyckan, varför den kanske inte finns där eller varför den inte känns som man har tänkt sig.

Känner sig lurad.

Känner sig fråntagen en upplevelse som bara finns i föreställningsvärlden.

Efteråt kan det kännas som att man gått miste om något för att man gick och oroade sig för annat.

Jag önskar att jag hade gått Karin Nyströms kurs istället. Det är orättvist att alla blivande föräldrar inte får tillgång till samma värdefulla information.

Anledningen att föräldrautbildningarna ofta lämnar mycket övrigt att önska finns förstås högre upp i samhällsstrukturen – i Socialstyrelsens riktlinjer som berättar om utbildningens syfte med stora ord, men som ger väldigt lite konkret information om vad den ska innehålla.

Syftet med föräldrautbildningen är, enligt Socialstyrelsens riktlinjer, att genom kunskap få möjlighet att förbereda sig inför förlossningen, amning och föräldraskap, att skapa möjlighet till kontakt och gemenskap mellan småbarnsföräldrar samt att skapa medvetenhet och möjligheter till att påverka samhällsförhållanden och öka insikten om föräldrars situation i samhället. Föräldrautbildningen ska stärka kvinnan och mannen i sin tro på sig själva som föräldrar vilket sker genom kunskapsförmedling kring fysiska och psykiska tillstånd under graviditeten, fostrets utveckling, förlossningen och första tiden hemma, förebyggande hälsovård, relationen mellan föräldrarna och ren samhällsinformation.

Exempel på teman som tas upp i den förlossningsförberedande utbildningen är:

- Smärtlindring
- Förlossningsrädsla
- Förlossningsförlopp
- Vad händer på BB
- Sexualitet under graviditeten
- Pappans roll under förlossningen
- Förväntningar på förlossning och föräldraskap

Exempel på teman som tas i upp i föräldrautbildningen efter förlossningen är:

- Båda föräldrarnas barn
- Hur gör man?
- Delad föräldraledighet
- Amning
- Babymassage
- Mat
- Infektioner
- Relationer
- Pappans roll

SOU 2005:073 Reformerad föräldraförsäkring. Kärlek omvårdnad trygghet. Bilagor.

Jag tycker att det formulerade syftet med föräldrautbildningen är bra, men den där listan med teman? ”Förlossning, förlossning, förlossning”. En hel del andra teman finns i och för sig med i föräldrautbildningen – efter förlossningen. Men det tycker jag känns fel, vi behöver veta mer redan *innan* barnet kommer – om till exempel ”relationer”, ”pappans roll” (hallå, *partnerns roll* borde det stå) och ”Hur gör man?”. Sen när barnet finns där som ett faktum och tar upp all ens tankekraft och mycket tid är det mycket svårare att ta till sig samma information.

Alltså. Det här skulle jag vilja införa på listan över viktiga teman att ta upp under förlossningsförberedande utbildningen. Staten, lyssnar ni?

- En punkt om ”partnern” (*inte* ”pappan”).
- En punkt om ”komplikationer” under förlossning, till exempel kejsarsnitt och neonatalavdelningar.
- En punkt om matning. Matning – inte bara amning utan också flaskmatning.
- En punkt om första tiden hemma med barnet.
- En punkt om förlossningsdepression.

Jag tycker att det är alldeles för stort fokus på förlossningen, det är ju bara en liten, liten del. Det riktigt stora kommer ju sen. Och det talades det ju inte ett smack om på kursen.

Helena, förälder till två barn, sex och 1,5 år

Vi gick MVC förlossningsförberedande, men det gav inte mer än att läsa någon gravidbok. Kändes som att de mest pratade på rutin och inte så engagerat. Frågade om amning och om den inte funkade och hur man kan känna sig då, och upplevde att MVC-sköterskan inte ville ta i frågan utan sa att ”det får ni ta med BB!”.

Anki, förälder till ett barn på två år

Många, de allra flesta av hundratals föräldrar som jag har kommit i kontakt med under mitt arbete med den här boken, är rörande överens: det är för mycket information om förlossningen, dessutom om en förlossning som ofta inte finns i verkligheten och för lite om det andra. En del fick se filmen där Gudrun Schyman ligger och föder, andra fick testa olika andningstekniker. Informationen om amning sträckte sig till att öva med en docka, eller prata lite om munnens grepp runt bröstvårtan. Ingen fick information om flaskmatning. Ingen fick veta tillräckligt mycket om förlossningsdepression för att själva känna igen symptomen när de kom. Ingen fick veta något om akut eller urakut kejsarsnitt och tiden därefter. Ingen diskussion om hur den kommande extrema sömnbristen, för att inte tala om den extrema oro som drabbar vissa föräldrar, skulle hanteras. Om vad som händer ifall oron bekräftas.

> Alla önskar vi oss ett friskt barn och håller tummarna och hoppas, men sen pratas det inte om hur många som föds med mindre eller större åkommor och vad man gör med dessa. Självklart vill man inte under graviditeten bli matad med info om hur många olika fel det kan bli på ens barn, samtidigt känns ämnet så tabubelagt att man inte har en aning om att de flesta operationer som görs på spädbarn faktiskt är rätt vanliga. Man hör ju flera vänner som har opererat sina små bebisar med olika saker och tänker "tur att det inte var vi". Det jag menar är att man istället för att tabubelägga temat skulle kunna normalisera det mer.
>
> Dora, förälder till ett barn på 2 år och gravid

Ja, framför allt, tänk om något hade gått fel? Bland de föräldrar jag har kommit i kontakt med är de som råkat ut för komplikationer under förlossningen många. Flera har fått akut kejsarsnitt. En del har varit urakuta, med överhängande risk för mamman eller barnet. En del har fått tillbringa dagar, kanske veckor, på neonatalavdelningen med sina barn i kuvöser. Andra har fått barn väldigt mycket för tidigt med månader på sjukhus som följd. I nästan alla fall har utgången till slut varit lycklig. Någon gång ibland, inte.

Inte så att mödravården ska skrämma upp blivande föräldrar, men någon sorts information borde de väl ge innan förlossningen? I min grupp fanns en blivande mamma som skulle föda med planerat kejsarsnitt, det var som att hon inte var lika viktig som oss andra. Hur saker skulle vara för henne efter snittet fick vi inte veta, trots att chansen (eller risken, beroende på hur man ser på saken) att fler av oss andra också skulle få snitt fanns där.

> Akuta kejsarsnitt ökar – i samma takt som de planerade. 1991 gjordes akuta kejsarsnitt vid 4,4 procent av alla förlossningar, jämfört med 8,1 tjugo år senare.
>
> *TT*, februari 2013

Nästan en av tio gravida kommer alltså få akut kejsarsnitt. En del får planerat snitt, kanske som följd av stark förlossningsskräck. Men inte ett ord om något av alternativen nämndes under föräldrautbildningen. Inte heller kring det faktum att det kan hända något med barnet, vilket är något som många, många gravida oroar sig för. Där borde de informera om att det finns resurser och skyddsnät om något skulle hända.

Alla blivande föräldrar borde dessutom få veta mer om första tiden med barnet, oavsett vilken mödravårdscentral de tillhör. En oredigerad, verklig bild av den första tiden med barnet. För de kommer att bli föräldrar i vilket fall som helst. Det är mödravårdens skyldighet att se till att alla får veta vad de ska göra om allt inte är en självgående dans på rosor. Men så länge det inte står i föreskrifterna kommer det tyvärr inte att vara så överallt. Det är ett lotteri, precis som mycket annat i livet.

Eller är jag för hård mot föräldrautbildningen? Kanske hade jag inte lyssnat ändå, om jag hade fått veta "sanningen" om att få barn? Som gravid första gången kanske jag förtjänade rosenskimrande lycka en stund, eftersom jag ändå inte ville lyssna med mitt förnuftiga öra. För det blir aldrig mer lika okomplicerat att ha barn som innan de har fötts. Jag hade faktiskt verkligen ingen lust att prata om bajsblöjor, skriknätter och, senare den där plötsliga oron när barnet är tyst.

> Jag tycker att de förlossningsförberedande kurserna på MVC var bra! Grundläggande kunskap om det "mest väsentliga" inför själva förlossningen. Personligen är jag inte så intresserad av någon "skräckpropaganda" om allt som kan gå fel under en förlossning (även om jag är väl medveten om vilka risker som finns) utan har förståelse för MVC där de talar om hur det vanligen brukar gå, att barnet "kommer ut" och mår bra. Alla förlossningar ser ju olika ut och skulle alla tänkbara scenarier behöva lyftas skulle kurserna säkerligen behöva utökas med x antal gånger.
>
> Malin, förälder till ett barn på 1 år

Hur skulle föräldrautbildningarna egentligen se ut om de motsvarade den verkliga verkligheten? Hur skulle jag ha reagerat om jag hade vetat, verkligen *vetat*? För mycket kunskap och vetskap om tiden efter förlossningen kanske kan skapa prestationsångest och skuldkänslor? Kan det ändå ha varit jag som var dålig på att lyssna, eller var jag naiv som bara var i mig själv och trodde det skulle ordna sig? För det gjorde ju inte det. Det krävdes hjälp och stöd från många andra människor och allt det fick jag ta reda på själv, efter förlossningen.

Innebär det att man inte ska prata om det innan?

Nej.

Jag tycker faktiskt att det är ännu ett argument för att på föräldrautbildningen prata *mer* om komplikationer, om händelser runtom, om första tiden hemma, om relationer och om hur föräldrarna mår, inuti.

För även om det finns undantag, har som sagt i princip ingen förälder jag mött varit helt nöjd med den utbildning de fick när de var gravida.

Mödravården, som jag helst skulle vilja döpa till föräldravården (för nog finns det väl alla kön på de som får barn?), har onekligen ett gigantiskt ansvar. Informera men inte skrämma, berätta men inte skriva på näsan. Alla har rätt till sin egen version av verkligheten.

Det som också gör mig arg är att jag många gånger inom mödravården stött på uppfattningen att "så här *är* det". "Du *kommer* att komma över amningsproblem, du *kommer* att känna dig ..." Det finns faktiskt inga garantier, inte för någonting. Jag vill inte veta hur jag mår, jag vill ha verktygen för att själv kunna bedöma hur jag mår. Och då behövs hela bilden. Alla alternativ.

> Det riktigt jobbiga kommer ju sen när de fyller tre och är i värsta trotsåldern och man ska försöka ge sig på utmaningen sluta med blöja och napp! Var finns den förberedande kursen, stödgruppen och journumret till Trotshjälpen?
>
> Petra, förälder till två barn, 3 och 6 år

Chocken – om första tiden

Jag måste säga att det här med att få barn är helt, totalt annorlunda än jag föreställt mig. Det är fantastiskt, kan jag nu börja förstå, men det pratas alldeles för lite om hur fruktansvärt jobbigt det är. Den här första tiden har, i alla fall för mig, varit en mardröm. Nu menar jag inte att min dotter är en mardröm, för hon är ju jättefin. Det är omständigheterna runtom. Jag är trasig och sliten efter förlossningen, hormonerna löper amok i kroppen och skapar depressionsliknande symptom, jag sover inte och barnet har så klart ingen aning om vad som är vad och behöver tid att fatta omvärlden och skapa rutiner. Är det något jag tröttnat på att höra de senaste veckorna så är det att "det blir bättre med tiden". Det spelar ingen roll, jag mår akut dåligt och vill att det ska vara bättre NU!

All vårdpersonal jag mött hittills efter förlossningen har varit fantastiska och bekräftat mina känslor, men inte var det väl mycket prat om det här innan? Det var bara förlossning, förlossning, förlossning och att vi minsann skulle upptäcka oanade krafter som vi inte visste att vi hade. Inget om den enorma chocken att en helt ny människa, en personlighet att lära känna, flyttar in i ens liv och kräver all uppmärksamhet. Inget om att man kanske inte kommer att våga vara ensam med barnet och skräcken för att inte klara av det.

Min egen blogg, 10 dagar efter förlossningen

Förlossningen, mitt livs första och enda som skett på vad som brukar kallas ”naturlig” väg, började inte med att vattnet gick på filmiskt vis. Den började inte med plötsliga värkar eller något annat som vi hade lärt oss under föräldrautbildningen. Den började med en molande smärta, dygnet runt, i flera veckor. Ont, ont, ont. Hela tiden. Jag sov inte. Jag kunde inte gå. Inte ligga. Inte sitta. Det som gick bäst var att långsamt vingla omkring på cykel, vilket jag också gjorde en stor del av tiden.

”Pinvärkar”, sa en barnmorska med medkännande blick en tidig morgon på BB när jag inte orkade längre, när vi räknat och räknat och kanske var det ändå tre värkar på tio minuter? Det var det förstås inte, men vi åkte förhoppningsfullt in ändå. Inget hade hänt. Vi fick åka hem igen.

Jag hade inte sovit på veckor. Hade inte ätit ordentligt. Orkade ingenting men kunde inte vila. Det vi gjorde var att ta promenader, där Martin gick och jag långsamt trampade på min cykel. Och jag undrade om det verkligen skulle vara så här. Vi hade gått kurser, läst böcker, gått igenom alla tänkbara scenarier, ändå hade inget handlat om att en förlossning kunde vara normal och ändå inte följa eller kännas som ”mallen” enligt föräldrautbildningen. Något kändes fel. Inte fel som i sjukdom utan som att *jag* var fel.

En natt under en av alla promenader, utanför en mack där vi skulle utföra vårt påhittade ärende ”köpa bröd”, började vi nästan gråta när vi diskuterade en bok om matematikern Euler som blev blind på ena ögat av ansträngningen när han skulle lösa ett matteproblem. Vi tyckte väldigt synd om honom, kunde inte släppa det utan målade upp hela hans sorgliga, blinda liv framför oss.

”Det är nog dags att barnet kommer nu, vi behöver någon att ta hand om”, konstaterade Martin frustrerat.

Ja, dags. Hög tid. Två dagar senare, efter ännu en natt av oregelbundna smärtor som inte kändes som värkar skulle, då jag suttit framför datorn och en sajt som klockade värkarna, med en Ituneslista bestående av sorgliga känslolåtar i öronen, var jag tröttare än jag kunde minnas att jag någonsin varit. Då förbarmade sig förlossningen över oss och tog in oss.

På eftermiddagen kom till slut de riktiga värkarna.

Sen timmar timmar timmar av kaos.

Och framåt gryningen nästa dag föddes vårt barn.

På pappret en helt normal förlossning, för mig det största trauma som dittills drabbat mig.

Det går inte att beskriva det på något annat vis, trots att min journal inte avslöjar något – för allt såg helt normalt ut, utifrån. Två rader om bedövning och position är allt som står i journalen.

Under ett skede i förlossningen var jag helt säker på att jag inte skulle överleva. Ren dödsångest. Martin såg mig gråta och böna och be om att få gå hem, sen lyssnade han till vad barnmorskorna sa. De stod och viskade i ett hörn och han var säker på att det handlade om komplikationer. Livsfara. Döden. Mina starka känslor och den ångest som han bevittnade måste väl ändå avspegla att något verkligt hemskt höll på att hända? I princip det enda vi hade fått höra under graviditeten var att allt skulle kännas ”naturligt” och att vi skulle kunna gå på känsla. Och så upplevde inte jag det över huvud taget. Alltså: Slutsatsen blev att nu var det över, allt skulle gå åt helvete. Döden var nära. Barnmorskorna diskuterade intensivt och Martin tog ett steg närmare för att kunna höra bättre och få reda på mer.

”Var du på spinningen igår? Jag tänkte gå på sjupasset i morgon.”

"Ja, sjukt jobbigt pass alltså, får se om jag orkar."

Barnmorskorna pratade träning.

Att det kunde finnas vardagsprat mitt i mitt livs trauma, det känns i efterhand tryggt och på något vis som det enda att hålla fast vid. Radion i förlossningssalen skvalade med P3 på låg volym. Vår specialinköpta lilla bandspelare med musik jag hade planerat att föda till låg bortglömd i ett hörn. Jag ville bara ha sådant som lät vardagligt, verkligt, normalt. Som radioskval.

När barnet till slut hade kommit ut i en storm av eldflammande smärta, lades hon upp på mitt bröst.

Jag såg henne, och kände ingenting.

Inte så att jag inte kände för henne, hon var ju mitt barn och vetskapen att hon tillhörde oss var drabbande och omedelbar, men det fanns som en ogenomtränglig vägg mellan mig och mina känslor, en mur av förvirring och kaos som inte tycktes kunna lätta. Kanske var det chocken av smärtan. Kanske var det att jag hade varit tvungen att släppa greppet om mig själv. Kanske var det ingenting. Kanske är jag bara sådan, livets stora trösklar gör mig stum.

Sen glömde de vår bricka med flagga och mackor som alla nyförlösta ska få.

Vi hade planerat snitt, men dottern ville ut tidigare och det blev ett halvakut snitt. Både hon och jag var ganska klena efteråt och amningen fungerade inte alls, men vi fick ingen riktig hjälp med det. Dessutom drabbades jag av depression vilket tog nästan ett år att komma ur. Jag satt och storgrät i salen på BB och en barnmorska kom in och utbrast "Gråter du? Det är nog bara glädjetårar." Sen backade hon ut.

Kajsa, förälder till ett barn, 7 år

Jag kan inte titta på bilder på mig själv från förlossningen och de första veckorna efter. För det känns inte som jag. Jag hade förvandlats till en platt bild av en nybliven förälder som tog hand om sitt barn.

"Flickan har sugit ofta i natt, mor är mycket trött."
Ur min journal från BB, oktober 2007

En som satt med sitt barn i famnen och tittade på dess sovande ansikte, som bytte blöjor och tog emot besök av nyfikna vänner. En som sov med sitt nyfödda barn på magen varje natt och som förtvivlat bytte lakan mitt i natten när brösten ännu en gång svämmade över.

Jag var en perfekt nybliven mamma ner till minsta detalj. Och hela tiden kändes det som att jag stod instängd i en liten glaslåda utan förmåga att själv kunna påverka något eller känna hur det egentligen var. Och tårarna rann.

Den svindlande lyckan uteblev helt. Faktiskt uteblev jag nog från det mesta, upptagen som jag var med att gråta och med klappande hjärta försöka förstå hur mitt barn fungerade. Och vem jag var med mitt barn.

En vanlig reaktion i samband med en chockartad händelse är att allting känns overkligt. Det kan vara svårt att minnas själva händelsen, eller i alla fall samtliga delar av den. Det är en normal försvarsmekanism. Minnet kommer att komma tillbaka när hjärnan anser att det är dags att börja bearbeta det som hänt.

Från psykologiguiden.se

Jag hade hamnat i chock, vilket tog flera år att förstå. Egentligen förstod jag det först när jag upplevde något av samma känsla på nytt, fast fruktansvärt mycket värre och hårdare och i ett helt annat sammanhang, vilket var när min bästa vän blev hastigt sjuk och dog några år senare. Känslan av chock efter vad som kändes som en omänsklig påfrestning var bekant. Sorgen jag upplevde vid de senare händelserna var en annan sak. Men så nära ligger de tydligen varandra ändå, födelseögonblicket och döden.

Efter förlossningen kom flera andra händelser som drog ner mig i en spiral av inre kaos och vidare mot depression. Amningen fungerade inte. Och det var jag, som med allt annat, helt oförberedd på. Särskilt som jag hade fått väldigt mycket beröm på BB för hur bra hon sög. Vår lilla bebis skrek mycket, vilket vi tog som ytterligare ett tecken på att något var fel. Och det kändes som att allt berodde på mig och att jag inte förstod hur barn fungerar.

Jag längtade tills jag visste mer, tills vi också skulle vara sådana där rutinerade småbarnsföräldrar. Tills vi hade lärt känna vårt barn, som var så litet och oförklarligt och mystiskt.

> Natt och dag flöt ihop. Lyckorus, samtidigt som jag hemma undrade hur de vågade släppa iväg oss utan utbildning och manual. Rädsla för att göra fel, tolka signaler fel, blandades med fascination för den lille.
>
> Dora, förälder till ett barn och gravid

För oss fanns inget lyckorus de där första veckorna. Eller, det fanns nog där någonstans som en sorts vetskap, men mest låg jag bara i sängen och undrade vad som hade hänt med livet. Inte kunde det väl vara så här svårt att ha barn? I så fall skulle ingen ha det. Det kändes som att hon skulle gå sönder när som helst och som att jag kanske inte skulle överleva tills nästa dag.

Första veckorna hemma gick som i en dimma, där jag en stor del av tiden låg i sängen och grät med panikkänslor i kroppen.

En kväll skrek hon så mycket att någon sorts dykreflex sattes igång och hon slutade andas, och låg alldeles stilla på kudden i sovrummet med öppna ögon. Som en liten stel docka tyckte vi, och blev livrädda. Bokstavligt talat. Telefonen i handen, ringde 112, ambulanser kom farande i ilfart. Men när de kom mådde hon redan alldeles bra, låg ovanligt nöjd i min famn och tittade på uppståndelsen med stora ögon. Och nu efteråt undrar jag hur lång den där stunden som hon inte tycktes andas egentligen var. Kanske handlade det bara om sekunder. Kanske var det inte alls någon dykreflex. Kanske var det bara jag som var så panikslagen att inget annat än ambulans kändes rimligt. Det måste jag i så fall förlåta mig själv för.

Vi fick åka med till sjukhuset i lugnt tempo, och alldeles snart därefter hem igen med taxi. Jag är för alltid tacksam mot ambulanssjukvårdarna som höll god min och inte avslöjade för oss vad som måste ha varit helt uppenbart för dem: att vi hade ringt i onödan, att allt handlade om vår egen panik och den akuta känslan av att inte ha någon som helst kontroll.

Nej, paniken och kaoset hade inget med mitt barns hälsa att göra. Den hade med mig själv att göra. Om någon hade behövt ambulans var det jag, som höll på att få ett sammanbrott, eller kanske redan befann mig mitt i ett.

Den enda livlinan var BVC. Därifrån kom den ständiga bekräftelsen att vi gjorde rätt med vår dotter, att hon mådde bra och inte påverkades av mitt akut dåliga mående.

”Ni har fantastiskt fin kontakt, du och din dotter. Men vi bör nog ändå kolla att flickan är okej redan i övermorgon”, sa distriktssköterskan med en lång blick på mig. Först efteråt förstod jag att det var mig hon inte vågade släppa mer än två dagar.

En psykolog kopplades in.

Tecken på depression i samband med förlossning och amning kan vara:

- Att man nästan aldrig känner sig glad
- Överdriven oro för barnet eller för att man ska skada barnet
- Känslor av att inte klara av situationen
- Irritation och spänning
- Sömnproblem
- Trötthet, svaghet
- Dålig aptit eller tröstätande
- Känslan av att inte vara sig själv
- Känslor av att vara värdelös och av obefogad skuld
- Tankar på döden eller på att ta sitt liv.

Från 1177 Vårdguiden

Allt stämde på mig, förutom tankarna om att avsluta livet. De har jag som tur är aldrig haft. Multiplicera istället känslan av skuld och skam så har ni mig där. Jag kände skuld för att jag inte var lycklig, skuld för att jag inte fick amningen att fungera, för att jag inte tyckte om det. Skuld för att jag ibland helst ville rymma och sitta i någon bar med ett glas champagne, skuld för att jag inte ville träffa någon och för att ingen fick komma och hälsa på oss. Skuld för att den allt mer uppvaknande kärleken till mitt barn inte såg ut som det beskrivs i böcker. Det handlade inte om rosa lyckomoln, utan om något helt annat.

Tycker att bilden av ett tabu växer fram. Att vi som just blivit mammor (och pappor?) ska vara lyckliga, anpassa oss smidigt och "naturligt" till våra nya roller och må bra. Som att omvärlden förväntar sig det. Men ju mer jag gräver i det här så verkar det ofta inte bli så. Är det tabu att prata om att inte må bra som nybliven förälder? Jag tror det är så.

Mkt p.g.a. den klassiska skuld- och skamfällan ... För i bilden av den perfekta modern passar varken panik, tårar eller uppgivenhet in. Ännu värre är det säkert om man känner att man ångrar sig, att man vill "reklamera" och inte känner som man "borde" för sin bäbis och att man längtar tillbaks till livet man hade innan. Dessa tankar och känslor känns allt annat än tillåtna fast jag tror dom ingår i mångas tidiga föräldrafas.

Kitty Jutbring i sin blogg, december 2012

Jag håller helt med. Man är så förvirrad, hjälplöst ny i sin roll och ändå ska allt vara så självklart och naturligt. Jag skulle vilja gå tillbaka i tiden och bädda in vår nyblivna lilla familj i bomull och isolera oss från världen ett tag, så att vi inte hade behövt både må dåligt och dessutom ha dåligt samvete för det.

Jag skulle vilja säga till mig själv: det är ok. Du får må dåligt. Du älskar ditt barn ändå, precis som du aldrig har tvivlat på att du älskar resten av din familj. Det kommer inte alltid att vara så här.

Det vände ändå till sist. Efter några samtal med barn- och mödravårdspsykologen kröp till slut frågan fram: hade jag tänkt på att det skulle kunna vara amningen som bidrog till att chocken inte släppte, och att jag sjönk allt djupare ner i depression?

Jag hade dittills i mitt liv aldrig mått så dåligt, någonsin, som när jag fick mitt första barn och sen tvingades inse att jag avskydde att amma. Jag ammade och grät – grät medan bröstvårtorna förvandlades till stora sår, grät när jag fick vara ensam, grät medan jag satt i sängen med genomblöta lakan ännu en svart natt.

Nästan lika mycket grät jag av lycka när beslutet att mata mitt barn med flaska till slut var taget, när jag såg Martin sitta med henne i famnen och hon för första gången i sitt liv blev riktigt mätt. Och jag fick snabbt min kropp tillbaka, hormonerna kunde lugna sig och allt blev mycket mer stabilt.

Ett nytt liv började efter ungefär två månader. Livet utan amningen, livet med vårt barn på riktigt. Skuldkänslorna har jag dock fått jobba med. De verkar vara något som ständigt går bredvid en under ens liv som förälder. De, och en rad myter om amning och dess ”magiska” fördelar.

Varför ställs det så orimliga krav på nyblivna föräldrar? De ska inte bara gå igenom en kanske tuff graviditet, smärtsam förlossning och den första turbulenta tiden med en helt ny människa i familjen att lära känna och knyta an till. De ska vara svindlande lyckliga också. En förälder ska livnära barnet helt genom sin egen kropp och inte klaga, för det är så välsignat. Det är inte schyst, kraven blir för stora. Jag kan knappast ha varit ensam om dessa känslor, ändå var, och är, skulden svår. Nästan lika svår som känslan av att jag gick miste om delar av den allra första tiden med min dotter delvis på grund av den.

En del av det svåra för mig som nybliven förälder var också hur tydligt jag fortfarande kunde minnas hur det var innan. Sällan i livet finns väl det ett tydligare ”före” och ”efter”? Ena dagen satt jag med min stora mage och fikade i timmar, låg och läste böcker halva natten och gick promenader när jag kände för det. Bara ett par dagar senare hade jag inte längre någon makt över min egen tid utan var helt i händerna på en annan människas önskemål och känslor.

”Jag kommer att klara livet med ett spädbarn bra, vi har ju ändå inga speciella rutiner som kommer brytas. Att hänga på ett spädbarns nycker ska inte bli något problem.”, sa jag till barnmorskan under ett av de sista besöken före förlossningen.

Att barnmorskan inte visade någon sorts reaktion över huvud taget på mina ord berodde antagligen på att hon inte ville ta mig ur mina vanföreställningar.

Jag trodde rutinlöshet var positivt när man fick barn. Det visade sig vara tvärtom för oss. Att inte kunna följa impulser utan ständigt sätta någon annans behov först var en fullständig chock (samtidigt vet jag att det kan vara svårt med en motsatt situation också, en vän som är beroende av fasta rutiner tyckte det var svårt att få barn på grund av att hon inte kunde hålla på dem längre).

Vi fick panik, både Martin och jag. Skulle vi aldrig mer kunna göra något? Vi tvingade oss till att ta oss för saker trots att ingen av oss mådde bra, särskilt inte jag som hade stora problem med amning och depressionskänslor. Ändå gick vi när vår dotter var tre veckor gammal på en av kompisgängets årliga storfester.

Inte för att det är fel att ta med sitt barn på fest, det får väl folk göra som de vill. Men vi var så uppenbart inte i skick. I alla fall inte jag. På alldeles för kort tid hade jag rasat i vikt till något som låg långt under vad jag vägde före graviditeten (en del kommenterade väldigt positivt kring det här, att graviditetskilona kunde rasa så fort, men det var alltså inte positivt – det var depressionskilon) och innan vi gick ammade jag igen, vilket gjorde så ont att jag ville skrika rakt ut. Vid halv tio på kvällen satt vi i ett stökigt, knökfullt kök och åt falafel, den storögda dottern pipande i mitt knä liten som en fågelunge. Förbi oss gick en kompis, Maria, med sin ettåring i famnen. Barnet, som framstod som fullkomligt gigantiskt, såg glad och nöjd ut och hade munnen full med kikärtor.

”Titta, det är Esters första falafel! Titta vad hon gillar den!”

Vi bara stirrade.

Åsynen av ettåringen med falafel skulle bli symbolisk för oss. Att vi någonsin skulle vara där, avslappnat bärandes vårt stora barn som kunde ta egna initiativ och vilja äta falafel. Det kändes som något som aldrig skulle kunna hända oss.

Maja ligger och sover bredvid mig. Den här lilla individen utmanar alla mina rädslor. Rädslan att inte duga, självtilliten, att göra rätt, att inte vara en belastning, att inte räcka till. Hur är jag som mamma egentligen? Jag gör mitt bästa och Maja mår bra nu. Efter många veckors hård kamp mår hon faktiskt bra.

Men gör jag det?

Helena Askén i boken *Moderslycka: vart tog glädjen vägen?: en mammas berättelse om depression efter förlossningen*, SKL Kommentus media 2013

Jag var så vilsen när föräldraskapet kom. Kanske var det ändå lika bra att jag inte hade försökt förbereda mig så mycket, det hade ändå inte gått. Onödigt att försöka lägga upp en massa strategier när inget ändå var som jag tänkt mig, eftersom jag själv inte var den jag hade tänkt mig längre.

Jag hade alltid varit mycket i stunden och dålig på att planera framåt. Det längsta åtagandet hittills i vuxenlivet var en treårig journalistutbildning, som jag ändå hade tvingats ta ett avbrott i för att jag inte kunde se vart den ledde. Att vara målinriktad, se saker som skulle komma längre fram och planera för dem hade jag varit nästan rädd för. Alltid.

Jag kan inte säga om det är så här för alla som får barn. Men för mig lättade allt först när det hade gått en tid, när livet före inte längre framstod kristallklart i kontrast till det nya.

Att gå mot normen

Det var en gång en mamma som hade en riktigt traumatisk amningsupplevelse bakom sig. Hon hade haft ont och ammat nästan dygnet runt medan barnet skrek och skrek. Hormonstormen gav henne en depression, hon vågade inte vara ensam med sin bebis en enda sekund. Som tur var fick hon hjälp och stöd från en fantastisk BVC-sköterska och en barn- och mödravårdspsykolog. Efter en månad slutade barnet ammas och fick flaska. Barnet blev mätt och nöjt, mammans depression försvann, kvar fanns en gladare familj och en himla massa kladd och flaskor i hela köket.

Den mamman var som sagt jag, när jag fick mitt första barn. Jag var helt säker på att om jag fick fler barn skulle jag inte amma igen, precis lika säker som jag var på att jag aldrig, aldrig mer skulle föda vaginalt. Så blev det – nästan.

När jag blev gravid andra gången blev jag först jätteglad (för vi hade försökt länge) och sen väldigt nedstämd. Oron för förlossningen och första tiden med barn nummer två var helt överhängande och jag kunde varken glädjas eller jobba eller värst mycket annat. Halva graviditeten gick åt till psykologbesök, samtal med en aurorabarnmorska (en barnmorska som har lång erfarenhet av förlossningsvård och fördjupade kunskaper i att prata med oroliga blivande föräldrar) på sjukhusets specialistmödravårdsavdelning och ett evigt resonerande med mig själv. Borde jag föda ”naturligt” (naturligt = vaginalt)? Borde jag amma? Trots att jag under tiden mellan mina två barn varit en av de mest pådrivande debattörerna i media för flaskmatning, trots mina blogginlägg och mitt avfärdande av alla ”superföräldrar” som jag kallade de som hävdade att barn *ska* ammas nästan till vilket pris som helst, kände jag pressen och ville prova. Efter beviljat kejsarsnitt bestämde jag mig: jag skulle testa att amma mitt barn nu när jag i alla fall slapp oroa mig för en till traumatisk förlossning.

De sista veckorna av graviditeten var lugna, jag kände mig trygg. Vi förberedde oss på olika sätt. Aurorabarnmorskan som var tveksam till mitt beslut varnade mig för att kämpa med amningen för länge och skrev in i min journal att jag hade en mycket svår amningsupplevelse bakom mig. Jag skrev ett ”BB-brev” där jag uppgav att jag inte alls var säker på amningen utan bara ville prova och absolut inte bli pressad.

Inte ens foglossningen var lika jobbig andra gången och jag kunde sova relativt bra på nätterna. Den första graviditetens nattliga cykelturer var bara ett suggestivt minne. Föräldrautbildning och omfödersketräffar struntade vi högaktningsfullt i och kände oss som vardagsrebeller. Skulle aldrig ha hänt första gången.

Förlossningsdagen kom, en stor och overklig känsla. Vi anlände till BB tidigt på morgonen och jag gav mitt brev till en barnmorska. Vi fick ett rum. Jag rullades ner till operation och ett kejsarsnitt som gick snabbt och enkelt utan större komplikationer än ett blodtrycksfall. Min vackra lilla son skrek och mådde bra och jag var helt närvarande, precis som jag hade önskat. Efteråt hamnade jag på ett uppvak några timmar medan Martin och bebisen var på BB. Jag sa åt Martin att absolut ge ersättning om barnet blev för hungrigt. Men det blev han inte, först när jag rullades in på vårt rum började skriken, han var jättehungrig. Och jag ammade.

Först gick det bra. Han blev snabbt nöjd, ville inte suga oavbrutet utan gav mig lite andrum. Varannan timme, 45 minuter. Barnmorskorna var helnöjda, och jag med först. Mjölken verkade ju räcka till, kanske hade det varit problemet förra gången?

Nej, så var det inte.

Framåt natten den första dagen ändrades sinnesstämningen. Helt overklig känsla, när de svarta tankarna kom flygande i mörkret. Riktigt hemska bilder, sådant som inte ens hände under depressionen. Jag ammade på, varannan timme ungefär, men redan nästa dag var det tydligt att något var väldigt fel. Jag grät när jag ammade, kände mig inte som mig själv. Det gjorde fruktansvärt ont och hade redan bildats stora sårskorpor på bröstvårtorna, trots att vi säkert tio gånger kollade med barnmorskorna att jag gjorde allting rätt. Ångesten hängde som ett sjok av svart tyll i luften, Martin vankade oroligt omkring och jag kände mig osäker på allt, mig själv allra mest. Beslutet att inte amma alls var plötsligt mycket svårare, med alla skuldkänslor och osäkerhet som kommer tillsammans med ångest. Vi pratade trevande om att det kanske inte funkade, men inget blev beslutat och jag kände mig akut sämre nästan minut för minut.

Barnmorskorna reagerade lite olika på min panik:

Barnmorska 1: ”Du kanske kan komma bort från själva amningssituationen, skulle det hjälpa? Du kanske kan pumpa och ge på flaska istället? Fundera på det, valet är ditt.”

Barnmorska 2: ”Äh, jag har ammat alla mina ungar och det är jättemånga som inte förstår att det är jobbigt i början. Bröstmjölk är bra till allt, till och med röda rumpor!”

Barnmorska 3: ”Känn efter nu, vi väntar och ser hur det går.”

En barnmorska hade definitivt inte tittat på mitt brev eller i min journal över huvud taget.

Räddningen kom i form av en helt fantastisk undersköterska. När Martin var på läkarundersökning med lilla bebisen tog hon mig tillbaka till rummet och sa: ”Hördu, jag ser att det här inte alls är bra. Jag har läst dina papper och jag tror att du måste fatta ett beslut.”

Ett känslomässigt sammanbrott och någon halvtimme senare hade jag slutat amma. Undersköterskan sa att hon skulle informera alla och tog med Martin till ett rum ingen någonsin hade berättat fanns på Akademiska sjukhuset: mjölkköket. Det ”hemliga” rummet för mjölkersättning och urpumpad bröstmjölk på flaska som jag aldrig hade fått information om, inte under alla mina intervjuer, inte under samtalen med mina föräldrakompisar, inte under besöken på specialistmödravården och BB. Undersköterskan hade redan innan hon pratade med mig gjort i ordning en flaska ersättning till oss. Och sen var det inga problem. Redan nästa dag mådde jag bättre.

Plötsligt fanns det hur mycket hjälp som helst att få, alla hade massor med kunskap om nappflaskor och hur de funkade, hur vi skulle blanda bäst när vi kom hem, vilken vinkel flaskan skulle hållas, hur ofta vi skulle ge, temperatur, magproblem. Det var som att dra ur en informationspropp. Inte heller upplevde jag någon kritik från BB mot att jag slutade amma, men det där kan säkert upplevas individuellt. Jag visste ju utan tvekan att det var det enda alternativet för mig och jag har inte någon som helst längtan efter att någonsin amma igen.

Jag vet att det här beslutet inte är lika lätt för andra som det var för mig. Amning är en vattendelare bland föräldrar idag. Och det begränsas inte till mammorna, de som faktiskt ammar (eller inte ammar) barnen. Alla har en åsikt, från apotekspersonal till svärmödrar till papporna till barnets syskon. Alla. Inte så konstigt att det blir helt gigantisk press på den vars amning inte fungerar, den som hatar att göra just det med sin kropp, den mamma som jobbar medan barnet är litet.

Så här tycker jag:

Amning är bra. För den som vill amma.

Flaskmatning är bra. För den som vill flaskmata.

Att göra båda två samtidigt – varför inte? Det är också bra.

Jag vill inte förespråka det ena eller det andra, jag vill att alla ska få välja vad de vill göra själva och informationen ska finnas där.

Punkt.

Det som är viktigt är inte hur barnet matas utan att alla föräldrar och barn mår bra och upplever sig få det stöd och den närhet som de förtjänar. Att första tiden med barnet blir något familjen vill se tillbaka på med glädje, inte med minnet av frustration och ångest. Eller med en känsla av skuld för att man inte gjorde som alla "borde".

Idag ser inte samhället ut så. Många, många föräldrar bär på en känsla av skuld för att de gjort val som faktiskt var helt rätt för just deras familj. Detta på grund av den starka norm som råder i samhället, och amning är ett bra exempel.

När jag fick barn första gången 2007 och skulle flaskmata henne fanns ingen – *ingen* – information om flaskmatning att hitta. Visst var BVC-sköterskan fantastiskt hjälpsam och hjälpte mig att komma förbi alla små glimtar av dåligt samvete (men det var inte svårt, jag hade inte särskilt dåligt samvete för amningen) men praktisk information, nej. Vi var helt hänvisade till i första hand föräldraforum på internet och den knapphändiga info som fanns på ersättningsförpackningarna. Om flaskor, säkerhet, matningspositioner, nästan allt, fanns ingenting. De få flaskmatande föräldrar jag kände delade min upplevelse.

Detta kan jämföras med sjukhusets Amningsmottagning som gjorde hembesök, Amningshjälpen som fanns på telefon i princip dygnet runt och välvillig personal på BB, BVC och Apoteket som alla kunde ge rätt bra råd om amning. För att inte tala om alla föreskrifter och råd som alltid var översvallande vad gällde amningens fördelar och mycket restriktiva och negativa vad gällde bröstmjölksersättning. Samtliga foldrar vi fick under vår resa inleddes med något mästrande i stil med "amning är alltid det bästa för barnet". Som om jag inte visste det. Var det jobbigt att amma fick jag beröm för att jag "kämpade på" och inte "gav upp". Ge upp!? När jag till slut gav min vrålhungriga dotter flaska, mitt bästa beslut under min första tid som förälder, gav jag alltså upp.

Jag var fruktansvärt upprörd, drömde om en förändring och broschyrer på alla vårdinstanser och föräldrautbildningar om både flaskmatning och amning. Givetvis alltid med inställningen att det på folkhälsonivå är bäst att så många som möjligt ammar, men att amning faktiskt *inte alltid* är det bästa för barnet, och ännu mindre för mamman. Jag planerade debatter och artiklar och böcker, ställde upp på en lång intervju i "Kropp och själ" i P1 och föreläste om mitt val för studenter på universitets temadag om amning.

Notera: jag var inte ledsen. Jag sörjde inte. Jag var inte ett offer. Jag *reagerade*. Själv mådde jag finfint med min dotter som växte och blev större.

Men det är klart att en person inte får reagera utan att andra blir rädda. Efter en debattartikel om ämnet marknadsföring och bröstmjölksersättning som jag och några likasinnade personer som jag via Facebook lärt känna genom mitt engagemang i frågan publicerades på en nyhetssajt på nätet haglade kommentarerna in. Jag och de andra kallades bland annat egoister, lattemammor (ja tack!) och minusvarianter.

> "Egoismen har fått ännu ett nytt ansikte. Brösten är till för amning, inget annat."

"En del av dagens kvinnor har inget tålamod, det är tydligt, allt ska lösas på en gång, annars jävlar. Ligger lite i tiden kanske."

"Men det är väl så både samhället och många (speciellt feministiska) kvinnor ser på föräldraskapet. Det är något som mamman beslutar över och pappan finns bara med så länge han instämmer med vad mamman säger..."

"Moderna människor tror att det inte är någon skillnad på könen. Hen som hen. De vet inte vad de hängande köttstyckena fram på bröstkorgen är tänkta att användas till eller vill inte bli indoktrinerade av biologister till att de är tankade med barnmat och immunförsvar."

"Barnets bästa bör utgöra grunden för sjukvårdens rådgivning. Deras uppgift är INTE att tala om hur många extra latte du hinner dricka om du kör på ersättning istället."

"Att minusvarianter försöker göra undantag till argument för normalt beteende är tyvärr alltid kännetecknande för minusvarianter."

"Om det inte redan är det så borde det vara sjukvårdspersonals plikt att ifrågasätta varje kvinna som inte vill amma sitt barn."

Saxat från kommentarsfältet på Newsmill.se under artikeln *Föräldrarna måste själva få välja amning eller flaska*

Nej, man blir inte populär genom att ifrågasätta den rådande normen, inte åt något håll. De som gör tvärtom och ammar sina barn länge, längre än ett år, eller engagerar sig för amning, får utstå liknande behandling. Nåde den som sticker ut. Vilken tur då (eller var det en statistisk avvikelse?) att mina barn har visat sig bli människor ändå!

Jag och de andra kvinnorna, alla föräldrar, alla helt ideellt engagerade i den här frågan som vi brann starkt för, startade en förening: *Föreningen Flaskmatning i Sverige*. Mer hånskratt och kommentarer på nätet, bland annat kring att vi skulle vara sponsrade av barnmatsindustrin. Vi deltog i nationella Amningskommitténs sammanträden och började svara på remisser. Det var inget som gick obemärkt förbi hos kritiker, till och med bland mina vänner drogs det på munnen.

”Ha, det finns visst en kommitté för allting idag, är det vad skattepengarna går till?” sa en vän till mig. En vän, som alltså sa detta trots att frågan var så brinnande viktig för mig. Okunskap kan såra.

Det är något med sådana här ”kvinnofrågor” som gör att samhället förringar dem. Engagerar sig en person för mycket utan att få betalt är det liksom lite ... töntigt.

> Johanna Stenius kan mycket väl ha rätt i sak, att det finns en utbredd negativ attityd som försvårar den första tiden som förälder, och att denna attityd måste göras något åt. Vad som stör mig är att detta i mina ögon inte är en samhällsfråga.
>
> "Ladusvalans blogg", november 2012

Det är ingen samhällsfråga, jag ska vara tyst. Det är inte en fråga som rör de stora strukturerna, det är ingen idé. Det är en fråga som bara rör kvinnor så det är inte så viktigt.

Engagemang sticker i ögonen.

Detta är i alla fall vad jag vill ha sagt:

Amning är bra. Men inte för alla. Det är något som vården,

media, väninnor, andra föräldrar, *alla*, måste tala om för blivande och nyblivna föräldrar. Ingen ska behöva gå igenom det jag och tusen och åter tusen andra kvinnor gjorde och gör varje dag.

"Jag är övertygad om att ifall vi hade varit mer förberedda och haft mer pondus, eller ett barn innan, hade vår första BB-tid blivit en annan. Vi var enkla att köra över och idag hade jag ställt helt andra krav på vården", säger en förälder i min närhet.

Det här gäller förstås inte bara amning utan också allt annat som kan drabba en nybliven förälder, till exempel förlossningsdepression: grunden ligger, som nästan alltid när det handlar om fördomar, i informationsbrist och okunskap. Med mer på fötterna är det lättare att stå emot kritiken. Med mer öppet tillgänglig information till föräldrar om olika alternativ, utan värderingar, kommer också skuldkänslor och fördomar att minska.

Problemet är bara att det inte finns någon självklar plats att få tillgång till den informationen. Idag får inte föräldrar veta det de behöver via vårdpersonal (även om det självklart finns undantag). Information som är viktig framför allt för förstagångsföräldrar. Andra gången vet de flesta att de har rätt till mer, mycket mer.

Del 2:

BILDEN AV FÖRÄLDRASKAPET

"Njuuut!"

Japp. Så var vi där igen. Två av två möjliga barn febriga och ynkliga – inte mycket sammanhängande sömn om natten att tala om, för någon i familjen. Puh! Det tar på krafterna. Och jag tänker på reaktionerna de gånger jag valt att skriva om sömn i bloggen. "*Sluta med ditt gnäll, tänk på X och Y som har det tusen resor värre*", kan man sammanfatta en hel del av kommentarerna. Och DET gör mig trött, om något. Som att det är en sömntävling, i vem som har det värst? Och vinner man inte, då FÅR man inte beklaga sig. Då får man inte gnälla, nej, då får man till och med i vissa fall skylla sig själv ("*Kanske började du jobba för tidigt, Ebba*"). Och så ska man njuta – njut, njut, njut. Tjena, säg det till en hålögd zombie.

Ebba von Sydows blogg, mars 2013

"När jobbar du den här veckan? Jag tänkte ta onsdag och i alla fall torsdag eftermiddag och på fredag har jag en grej inbokad ..."

"Jo, det kanske kan funka, jag har möte på tisdag men sen kan jag hämta och ..."

"Men om jag hämtar tre dagar den här veckan, jag hämtade ju bara två den förra?"

"Ja, det kan funka, vänta ska jag ta fram kalendern."

Vårt småbarnsliv: ett evigt pussel. Vi har delat det mesta lika. Helt lika, kanske lite för mycket på millimetern när det gäller exakt antal dagar med hämtning, barnfria kvällar med kompisar och träningspass på gymmet eftersom det eviga räknandet också leder till eviga diskussioner. Delandet har gjort att kommentarer ständigt har haglat över oss, eller kanske särskilt över mig, från människor jag mött genom jobbet. Inte just kring att vi delar – utan kring det faktum att jag, mamman, har jobbat också under spädbarnstiden.

”Nämen inte ska väl du jobba nu. Ta vara på den här tiden. Njut!”, sa en för mig okänd kommunanställd kvinna som jag telefonintervjuade medan bebis nummer två sov. Hennes kollega som jag pratade med nästa dag sa samma sak, efter att jag berättat att jag strax måste gå och ta hand om min son.

”Ni som är unga idag förstår inte vilken lyx det är att vara hemma med sina barn. Låt din man sköta jobbandet nu och njut, passa på nu!”

Hejdå kompetens. Hejdå mina egna val. Vem som helst, inklusive helt okända människor som inte ens visste hur jag ser ut, visste tydligen bättre än jag hur jag skulle ordna mitt liv. Det viktigaste var att jag njöt, så mycket som möjligt, och att jag ”klarade av” att släppa ansvaret för min karriär som också råkar vara mitt stora kreativa intresse.

Jag kan faktiskt inte förstå, inte alls se det framför mig, vad de okända kvinnorna begärde av mig. Min inre bild av njutning är en person som står med slutna ögon och äter glass i solen. Mmm, njutning. Jag är uppväxt på 1980-talet med glassen Magnum ... mmm ... ungefär den njutningen är vad jag föreställer mig. Inte värst likt vardagslivet med en halvårsbebis som sov och snorade medan jag försökte skriva klart en artikel om en ny skola i kommunen.

”Men njut nu då! Små barn, små bekymmer, det kommer du

förstå sen när de är tonåringar", fortsatte okända människor mässa.

Härligt, jag skulle inte bara ha dåligt samvete för att jag inte njöt av allt precis då, jag skulle minsann få veta att jag inte kommer att njuta i framtiden heller.

"Det är redan för sent för mig, undrar du inte varför jag alls har barn?" ville jag fråga kommunkvinnan i telefonen, men gjorde det inte.

"Ja, det sägs så", sa jag istället som svar på anklagelsen att jag inte alls förstod hur bra jag hade det och pratade sen vidare om planerna för kommunens lokaluthyrningar tills bebisen blev för hungrig, började skrika och vi la på.

> Fick höra saker som "Passa på att njuta nu ordentligt!" innan jag gick på föräldraledighet. Och när jag var föräldraledig lät det "ååh vad mysigt med bebis, njuut för den här tiden kommer inte tillbaka!", och så vidare ... Och jag som hade en förlossningsdepression tyckte verkligen det var jobbigt att få alla sådana kommentarer. Det förvärrade faktiskt mina skuldkänslor över att jag mådde dåligt och inte kunde vara glad för att ha fått barn.
>
> Lina, förälder till två barn, 1 och 4 år

Självklart gnagde kommentarerna i veckor efteråt. Jag kände mig inte stark, kunde inte slå ifrån mig saker och vara säker, föräldraskapet var fortfarande för nytt och bräckligt för det. Borde jag vara ledig på heltid? Borde jag njuta mer? Ta vara på tiden, hur gör man då?

> "Hej magen. Jag lovar att gosa och kela. Att leka tittut. Att skratta och trösta. Och njuta av varje ögonblick. Puss och kram, mamma".

När din bebis är född kommer du att byta blöja ungefär 4 500 gånger. Du kan se det som något jobbigt. Eller som 4 500 stunder att komma närmare din bebis.

Annons från blöjföretaget Libero i tidningen *Mama*

Det är inte lite press blivande föräldrar har på sig. Redan från första början ska de ligga i solen med händerna på magen och LOVA att njuta av varje ögonblick. Hur ska det kännas sen då, när allt kanske inte är en dans på rosor och man måste bryta löftet? Jag vet, av erfarenhet: skuldkänslorna kommer direkt.

Nej, alltså, jag är ledsen, reklamen är bra i teorin men den funkar inte. Inte bara för att jag blir arg av att jag ska lova att njuta hela tiden. Utan också, rent krasst, eftersom jag inte *njuter* när mitt barn har bajsat så mycket att det klämt sig utanför blöjan upp på ryggen och en gång till och med i håret. Jag *njuter* inte av stinkande sophinkar och att tvingas lägga mitt barn på ett smutsigt toagolv på ett kafé för att byta (även om det ofta är en bra grej att skratta åt efteråt). Det är en del av mitt liv och jag är van. Är nöjd så, behöver inte njuta.

Men ändå, Liberos annons signalerar lycka, stillhet och ro. Bilden föreställer en gravid kvinna som ligger i gräset och känner på sin mage. Det ser underbart ut, eftersträvansvärt. Till och med blöjbyten kommer hon njuta av, varje gång. För hon är en lycklig mamma, en fantastisk mamma, en BRA mamma.

För det är där det landar. Njuter jag inte är jag inte tillräckligt bra. Är jag inte tillfredsställd med att enbart ta hand om mina barn och ser det vackra i varje enskild del, då är jag inte riktigt fullvärdig. En dålig förälder.

Den här pressen att ständigt njuta, ta vara på ögonblicket, vara i nuet höll på att ta kål på min ”föräldralycka” helt och hållet (i den mån jag hade någon, jag älskar mina barn, de är min familj och jag skulle aldrig vilja leva utan dem men ”föräldralycka" – vad är det?). Hur ofta i livet är en människa någonsin oavbrutet i stunden, totalt lycklig? Lycka är för mig en känsla som blossar upp vid tillfällen som går att räkna, sådana där perfekt sammansatta ögonblick som stannar i minnet för alltid. Och visst, det förekommer absolut sådana ögonblick med mina barn och det finns få, faktiskt inga, stunder som kan mäta sig med de bästa tillsammans med dem. Men de stunderna är inte när jag står och byter bajsblöjor mitt i natten, inte när jag står och luskammar mig själv över handfatet andra gången på en månad efter en arg lapp från förskolechefen i mejlboxen. Inte när dottern står upp i släktingarnas finsoffa och kräks på deras hund. Inte heller när jag försöker kombinera barn och jobb, något som är komplicerat och svårt men absolut nödvändigt för att jag och hela familjen ska må bra.

Inte för att alternativet till njutningshetsen är bättre: alla som när det är riktigt tufft säger åt en "lugn, ingen fara, det blir bättre sen" under de där stunderna man helst bara vill glömma. Det var något jag fick höra tills öronen kliade när jag mådde som sämst under den första tiden som förälder. Och det enda jag kunde tänka på var: "Jaha, men jag vill att det blir bättre NU." Dessutom, blir det verkligen bättre sen? De orden är precis lika mycket en del av det där eviga lyckokravet. Som att det bara är okej att vara olycklig nu om man LOVAR att vara lycklig sen. Det finns inget sen. Sen är nu, och jag är fortfarande samma person.

Man är som man är och det är helt okej att inte vara lycklig och njuta, varken nu eller sen.

Eller varför inte acceptera att njutningen och glädjen över nuet kanske ser ut på ett helt annat sätt än vad det utmålas som?

Du vet, när man tycker allt är jobbigt så säger alla att det blir bättre sen? Men jag upplevde att det där sen aldrig kommer, utan att man måste försöka hitta sätt att överleva mitt i det – att hitta rutiner som funkar – släppa på krav och ambitioner. För min, bara min, erfarenhet är att det blir lättare och bättre på många sätt ju äldre barnen blir men samtidigt kommer ju nya faser, nya utmaningar och nya och ibland svårare problem man måste lösa. Man får inte tro att det ska komma en helt friktionsfri tid någon gång, vilket jag gått på och trott och väntat på – men nu börjar det sjunka in att det inte är så. Det går upp och ner.

Petra, förälder till två barn, 3 och 6 år

Det finns väl inga människor som är glada jämt eller kan räkna ut i förväg exakt när de kommer vara glada? Att leva med ett barn är att leva med en helt ny människa i sitt liv, det är väl klart att det inte funkar hela tiden. Ändå kommer skulden alltid smygande. När jag inte vill leka och någon blir besviken. När det visade sig vara långtråkigt att vara föräldraledig. Och när det fortsatte att vara långtråkigt också med andra barnet fast mina vänner lovade att det skulle vara annorlunda. När jag äntligen förstod vad ”inget varar för evigt” egentligen innebär.

Nej, inget varar för evigt.

Det är kanske där det inre tvånget föds, hur ska man hinna fånga det där som inte varar för evigt? Plötsligt är det borta och jag står där och undrar vad jag missade. Och då kommer skulden igen, ännu starkare. Varför njöt jag inte medan jag hade chansen? Nu är det för sent att ta vara på tiden, jag sumpade det. Nu kommer jag aldrig mer kunna njuta.

För visst utmålas njutningen kring barnens småbarnsår som helt ojämförlig? Vilken hemsk känsla som i så fall kan uppstå som konsekvens, om man inte mått bra under tiden och inte varit övervägande lycklig. I teorin skulle den uteblivna känslan av njutning innebära ett misslyckande som förälder vilket är en fruktansvärd dom att fälla över någon som redan mår dåligt.

Vad är det som gör att vi förväntas älska varje sekund och gör vi inte det, känner vi oss misslyckade? Svaret på den frågan måste finnas någonstans i samhällsstrukturen, för inte kommer det inifrån oss själva.

> Vi borde självklart prata mer om hur otroligt ansträngande och tufft det är att få barn. Ja det är helt fantastiskt underbart och gudomligt härligt OCKSÅ, men det hör vi till leda. Jag önskar att folk vågade sucka och beklaga sig i större utsträckning. Jag misstänker att det är på grund av glorifierande som många tror att det krävs psykvård för att stå ut som småbarnsförälder. Älskar du inte att vara med din bebis är det fel på dig. Samt den här gamla idén om att kvinnor och barn på något naturligt magiskt vis bara av sig själva lever i harmoni med varandra som Jungfru Maria och Jesus ungefär. Visst, jag vet också att det kan vara überhärligt. Men ofta är det inte bara så, hela tiden.
>
> Nina Ruthström på *ninaruthstrom.se*, december 2013

Vi behöver alla vara mer ärliga med hur vi mår. Det är så lätt att bara säga "ja, visst, det är så mysigt", istället för att ta sig tid att svara hur det egentligen känns: kanske underbart, eller smärtsamt eller kanske bara vardagsgrått.

Vi måste sluta försöka lägga ett skimrande filter över allting.

Så här är det, för mig: jag *vill* inte vara lycklig jämt. Det är inte jag, att ständigt gå runt och le och känna in min omgivning och uppskatta allting i något slags lyckorus. Jag är trött, jag gnäller, jag vill vara i fred. Jag vill också umgås, älska, kramas, diskutera och kanske leka ibland. *Det* är livet. Utan jobbiga stunder skulle inte de ljusa ögonblicken kännas. Varför ska vi bli tvingade att ljuga för oss själva och hitta lycka precis överallt? Jag tycker att kravet på lycka hindrar oss från att uttrycka vad vi verkligen känner, det gör att många viktiga historier aldrig blir berättade och många vackra och stora känslor ignoreras och trycks bort.

Barnen ger lycka, självklart. Oerhört mycket lycka. Men enbart lycka? Nej. Förhållandet till de egna barnen är en källa till frustration, känslor av otillräcklighet, ibland vrede, ofta missmod, alltid oro. Var finns alla annonser om det? Vem ska våga säga sanningen? Att kärleken till ett barn består av en vild kompott av stora känslor? Jag lovar att sanningen kommer att sälja blöjor!

> Som tvåbarnsmamma som har middagar där båda barnen skriker, vägrar äta mat, klättrar på bordet, doppar köttbullarna i saftglaset … Jag kan säga att jag är glad att jag inte har lärt mig mindfulness och att jag saknar förmågan att vara mer i varje ögonblick. Låt mig säga så: det finns ögonblick som man inte alls vill vara med i.
>
> Giedre, förälder till två barn, 4,5 och 2,5 år

Och det finns omöjliga ögonblick, precis lika det här ovanför, som man en annan dag plötsligt älskar och verkligen vill vara med i. De finns mitt i vardagen, vilket kanske är ett tecken på att jag ändå är en normal förälder på något vis, enligt normen? När jag en tisdag efter jobbet stannar upp och ser mig omkring i mitt hem – leksaker i drivor, lökskal i diskhon, en tvååring som kör sin Bobbycar rakt in i mina smalben och en sexåring som sitter i soffan och skriker efter mackor medan tv:n är på med Bolibompa på högsta volym – och jag känner: det här är mitt liv. Jag har valt det själv. Det är stökigt, högljutt och vi äter fiskpinnar och pulvermos till middag. Ingen säger till mig hur jag borde känna och göra, ingen som frågar mig om jag njuter, varken nu eller sen. Det behöver inte vara mer än så. Ett litet ögonblick av många, men ett som plötsligt och oväntat ger en känsla av fullständig lycka och harmoni.

Skryt på nätet

Bäst att sluta innan det här blir anstötande för de som tycker att vi bloggare alltid skall förhärliga vardagen på ett så orealistiskt vis. Men för fasen, det är ju vardagen som är den bästa av dagar. Och ibland såklart den sämsta. Men exakt just nu jäkligt bra.

Karin Lindroos, på sin blogg *Karkki*, november 2013

Ända sen första graviditetspluset kom har jag letat efter likasinnade. Och jag har letat överallt på nätet där föräldrar finns: på Facebook, i forum, på Twitter, i bloggar, på föräldrasajter. Överallt utom på renodlade dejtingsidor, eftersom jag inte är singel (annars hade jag definitivt letat där med). Det slutar oftast så här: jag sitter framför datorn, klockan är alldeles för mycket och jag läser antingen någon riktigt sunkig tråd i ett föräldraforum, eller en blogg. Ibland är det någon samhällsnyttig jämställdhetsblogg, eller kanske en politisk blogg (någon gång är det till och med debattartiklar eller en e-bok). Men oftast är det en snyggt paketerad livsstilsblogg. Först läser jag om de som är tio år yngre än mig, som går på klubbar, dricker cava till eftermiddagsfika och loppisfyndar under cykelsemestern med kompisgänget på Gotland. Sen går jag över till att läsa bloggar skrivna av de människor som potentiellt är lika mig: föräldrabloggar. Det finns ju en och annan, lågt räknat. Läser och läser, letar efter något inspirerande och roligt, något som jag kan känna igen mig i eller göra. Och stirrar på skärmen tills ögonen svider utan att hitta det. Just den här kvällen har jag fastnat för ett blogginlägg om ett sovrum. Det liknar många andra jag läst, de är som karbonkopior av varandra. Färska snittblommor för det är ju så fräscht, retroplanschen som fyndats i en nerlagd skola, och lilla vildbasaren som klädd i morfars gamla hängselbyxor susar förbi i bakgrunden när dagens outfit-bilden tas.

Och hjärnan känns som ett enda mos.

Det enda, absolut enda, jag har gemensamt med dessa människor verkar vara att vi har barn. Och där slutar likheterna. Ändå känner jag mig tvungen att läsa detaljer om deras liv, veta vad de hade för sorts mjölk i förmiddagskaffet och vilken sorts stövlar barnet ska ha på sig nästa vecka på förskolans utflykt till en närliggande hästgård (där de förresten säljer helt *underbara* hemlagade äppelmuffins på helgerna, to *die* for!).

Ändå kan jag inte låta bli att läsa.

Ändå kan jag inte låta bli att jämföra med mig själv och mitt liv.

Jag blir så trött. Trött på mig själv och min komplicerade relation till hela blogg-härligheten. Måste jag se en till bild på hembakade cupcakeklubbor, lagom smutsiga barn i schaletter och en vacker tavelvägg ovanför barnsängen, som förresten är bäddad med danska lakan, läsa en enda lycklig suck ”åh de små, visst är de vilda men hur underbart är det inte ändå”, kan jag inte tycka om mitt eget liv längre.

Sen ser jag mig omkring och mina barn har också randiga retrokläder och vi åker på utflykter till mysiga kaféer med tillhörande loppis. Det går inte att förneka att mitt eget liv påverkas av det jag läser och att jag trivs med många delar av den snygga ytan.

Men jag vill inte läsa om ytan idag.

Jag vill ha själva innehållet. Innehållet som kan vara vasst, skamset, lustfyllt, sorgset, lyckligt och vad som helst. Men inte bäddat med danska designlakan. Själv är jag ofta fylld av bara innehåll och saknar förmågan att beskriva mitt liv sådär vackert utan att drabbas av skam över min förljugenhet.

Är det avundsjuka? Antagligen.

"Bloggarna påverkar nog mer än man tror. Jag hör föräldrarna prata om det ofta och hur man jämför sig. Jag märker att det bidrar till ångest och dåligt självförtroende", säger Karin Nyström, som är familjebehandlare. Hon tycker att föräldratidningar och bloggar ofta bara skapar mer osäkerhet och önskar att fler föräldrar kunde frikoppla sig från de många ideal som finns överallt och känna att de duger som de är.

Det önskar jag också. Varför blir jag provocerad av lyckliga familjen-bloggar?

En varm söndag i början av en augusti när äldsta barnet var i femårsåldern befann jag mig på ett lekland. För er som inte har haft turen att komma till ett sådant, är det som en amerikansk jättelekplats inomhus, där både föräldrar och barn kryper genom tunnlar, klättrar i nät och skadar ryggen i superbranta rutschkanor (fast föräldrarna gör det när personalen tittar bort, för de går in gratis med sitt barn med uppgift att vakta och får därmed inte ha roligt). Det var barnkalas i ett av kalasrummen på övervåningen – discotema – och nu letade jag för kanske tionde gången efter mitt barn som för några minuter sen försvann upp i något som mest liknade ett gigantiskt spindelnät i flera lager. Då fick jag plötsligt syn på ett annat barn jag kände igen i nätet. Först reagerade jag inte, det finns många bekanta barn i den här staden, men insåg sen att barnet var bekant för att det regelbundet förekom i en blogg. Faktiskt i en av de mest irriterande, klädtokiga, på ytan perfekta bloggarna som jag, trots att jag avskyr dem, inte kan låta bli att gå in och läsa. Bloggaren har tre barn och snart fick jag syn på de två andra också, plus bloggaren själv och hennes man. De var i full fart med att klättra upp för en jättestor mjuk pyramid och såg ut att ha väldigt roligt. (Jag sa ju att alla vuxna leker där.)

Det är nästan mer konstigt att se en populär bloggare i verkligheten än en kändis. Jag tycker mig veta allt om deras liv, deras val, deras personligheter. Ändå har jag aldrig hört deras röster, sett hur de rör sig, fått en aning om hur relationen mellan familjemedlemmarna egentligen ser ut och fungerar. Nu sökte vi efter våra barn med blicken tillsammans med hundratals andra föräldrar, funderade kanske på lunch, vad våra vänner gjorde just då och hur resten av helgen skulle se ut. Det var, kort sagt, ingen större skillnad på oss. Och det slog mig igen: lyckan är inte mätbar i blogglycka. *Inte för bloggaren själv heller.* Man är som man är och gör samma saker och har bra och dåliga dagar. Varför luras jag tro att bloggarnas liv är mycket glansigare och på något vis mer underbara än mitt? Till slut hamnar vi alla på leklandet, vi klättrar i jättepyramider och äter köttbullar på Ikea efteråt. Sen går vi hem och har bra dagar och dåliga dagar.

Problemet är alltså inte att bloggarna är lyckligare än oss andra. Det är att jag som läser tror att de är det och börjar nedvärdera mig själv. Bloggar är inte livet. Bloggar är en bild av ett liv, eller delar av ett liv. Ofta omsorgsfullt utvalda. Bloggar är glossiga magasin. De är chick lit-böcker och romantiska komedier.

Ändå får jag en känsla av att jag måste ha det som de beskriver.

> Så vi har förberett oss för en regnig söndag. Bunkrat upp med favoritserierna för i kväll (om ni inte har sett dem –

se dem!), handlat färsk pasta och chili, fyllt godisskåpet med Bjärechips och prasslande smågodispåsar och ställt en flaska bubbel på kylning. Hemmet är rent, tvätten vikt, doftljusen redan tända. Det är såna här dagar det är värt att klämma in det där andra i veckan så att man, när det är helg, verkligen kan andas. Och jag är så glad att vi alla har det där gemensamt; förmågan att verkligen koppla av när tillfälle ges.

Bloggen *Att vara någons fru*, augusti 2013

Denna bloggare har alltså barn. Precis som jag. Så här såg min söndag ut, samma som hon enligt bloggen tillbringade i ett rent hem med doftljus, smågodispåsar och ett barn som verkligen kan koppla av: Dagen började klockan 05:30 av ett illvrål från rummet intill, när ett och ett halvt-åringen till slut tappade tålamodet och ville UPP. NU. Släpade mig upp, det var Martins tur att ha sovmorgon, placerade barnet framför Bolibompa och satte på dagens första kopp kaffe. Tre timmar senare hade jag värmt samma kopp kaffe i mikron två gånger eftersom jag aldrig hann dricka upp. Båda barnen klättrade på väggarna och smöret stod halvsmält på bordet.

Vi gick ut.

Dagen var fin, barnen lekte i parken och åt varmkorv till lunch eftersom vi inte hann hem innan de blev för hungriga. Vi lagade pasta till middag och hann precis slänga in en maskin tvätt innan det var dags att börja lägga barnen. Sen satt vi utmattade i var sin fåtölj och tänkte att kanske var det dags att helgstäda? Klockan var då 21:30 och frukostflingorna stod fortfarande framme, hälften av bokhyllans böcker låg i en hög på golvet och pappersinsamlingen svämmade över. Det fick vara till en annan dag.

Det är en lugn söndag i min värld just nu. Att få sitta ner och andas ut en liten stund när barnen sover på kvällen efter en dag utan alltför många vredesutbrott (varken från mig eller barnen). Men favoritserierna? Prasslande smågodispåsar? Doftljus? *En flaska bubbel på kylning?*

På riktigt, kan livet verkligen se ut sådär när det finns småbarn hemma? Helt utan skavanker, trotsutbrott och dammråttor som ingen pallar att dammsuga upp just idag?

Nej, det kan inte vara möjligt. Och det går rent logiskt heller inte att sammanfatta dagen i ett litet stycke. Det är alltså jag själv som läser in väldigt mycket mer i den där texten än vad som egentligen står där. Kan det vara att den där bloggaren helt enkelt är duktig på att filtrera ut små positiva korn ur sin dag? Medan jag har en tendens att se allt som är kaotiskt hela tiden? Antagligen.

> I natt hade vi ju besök i vårt gästrum och igår så piffade jag till det lite med fräscha handdukar och morgonrock (Beach House). Bäddade med skönaste Chhatwal & Jonsson-lakan strykta med lavendeldoftande linnevatten och fyllde på med lite färskt vatten, vädrade och satte upp en rullgardin. Så att rummet verkligen kändes: Varsågod och sov! :) Gillar verkligen de där soft grå väggarna jag målade för ett halvår sen (och jag minns tyvärr inte färgnumret om någon undrar men det var iaf rent grå färg, dvs. en färg som inte slog åt gult eller rött eller blått). Todelooooo!
>
> Bloggen *House of Philia*, augusti 2013

Denna bloggare har också barn. När vi har nattgäster går det till så här: de får sova på en luftmadrass i ett av barnens rum, medan barnet i fråga sover med oss i sovrummet – vilket ofta resulterar i att ingen, utom kanske nattgästen, sover alls. Lavendeldoftande linnevatten? Snarare är det kanske tvättmedelsprickigt 70-talsörngott, om nattgästen har tur.

Och vad betyder det? Antagligen inte mer än att jag inte är intresserad av sovrumsinredning medan bloggaren är det.

Jag har en vän som bloggar. Eller, jag har förstås ganska många vänner som bloggar. Men den här vännen bloggar gärna ganska "härligt" om sitt liv. Det är mycket kafémys, tända ljus och familjeidyll. Mycket sällan när jag läser hennes blogg handlar det om något som hon berättar för mig i verkliga livet. Och jag unnar verkligen henne det. Tänker att ju jobbigare ens liv är, desto mer kan det ge att få skriva om sådant som är bra, vackert och trevligt. Annars också, förresten. Det måste ju självklart få vara okej att tycka om, förgylla och äga förmågan att visa upp det bästa ur sitt liv.

Problemet är att vi som läser glömmer det där. Istället färgas vårt undermedvetna av ett rosa lyckoskimmer som inte ens finns i verkligheten. Efteråt tittar jag upp på mitt eget stökiga kök och kaotiska schema och undrar: Vad hände? Vad är det för fel på mig?

Det borde finnas en manual till hur lyckobloggarna ska läsas (inte bara bloggarna förresten, inkludera även tidningen *Family Living* och allting som har att göra med Leila Lindholm).

1. Ha humor. Annars kommer du snart tro att du är galen och misslyckad.
2. Upprepa för dig själv: detta är inte verklighet, det är bara en vald del av en verklighet.
3. De har säkert förberett i flera timmar för att ta de där bilderna.
4. Deras barn har också skrikutbrott och kommer hem med nerbajsade kläder.
5. De äter också färdiga köttbullar till middag. Det är bara det att de inte berättar det.

6. Föreställ dig ditt eget blogginlägg kring samma situation.

Jag har faktiskt också haft en föräldrablogg. En väldigt liten, med oklart fokus och försumbart antal läsare. Men en gång fick jag tusentals läsare, folk mejlade mig, det blev en snackis och jag blev delad på sociala medier. Det var när jag hade upptäckt att vårt hem var så stökigt att det var komiskt. Jag fick en snilleblixt och gjorde ett inredningsreportage till bloggen.

> Precis som andra journalister har jag det förstås väldigt fint inrett hemma. Jag älskar att gå omkring och pyssla och plocka, kanske en del skulle kalla mig för pedant? Nu skulle jag vilja dela med mig av mitt vackra hem som jag brukar referera till som "shabby chic – på riktigt"! Två veckor efter sovrumsrenoveringen är det så fint hemma som det nog aldrig blir igen.

Inlägget kompletterades med bilder på lägenheten som befann sig i sitt mest kaotiska läge. Disk och kläder överallt, tvätt hängandes på tork över hela arbetsrummet och en obäddad säng full med nallar, nappflaskor, böcker och kläder. Jag var alltså sarkastisk.

> Hela familjen älskar att sjunka ner tillsammans mellan krispiga lakan. "Vi bäddar varje dag, det gör så mycket för hemtrevnadskänslan", säger Johanna.

Och responsen blev enorm i kommentarsfälten:

> "Äntligen någon som visar hur alla? egentligen har det hemma … Skönt!"
>
> "Det här var jättekul!"

"Helt underbart!!!! Jag hoppas att du kommer göra fler liknande hemma hos-reportage, lovar att du skulle ha nya bloggbesökare varje vecka. Helt enkelt bäst!"

Det behövs uppenbarligen någon i bloggvärlden som säger hur det är *egentligen*.

Då var jag ganska ensam.

Men under den senaste tiden har de faktiskt börjat uppstå allt fler härliga undantag. Andrum för de som inte platsar i den välputsade, designade lyckobubblan. Problematiseringar, reflektioner och intressanta diskussioner – vinden har vänt. Det var helt klart dem jag hade behövt läsa istället när livet kändes svårast och det var dem jag längtade efter i mina egna inlägg. Tröst, bekräftelse, förståelse, igenkänning.

Om vi kunde trolla ...

... så skulle vi göra det nu. Vi skulle sitta hos dig, ge dig den fetaste kramen och be dig berätta, från början till slut.

Vi skulle torka av diskbänken, röja upp i badrummet och slå upp fönstren för vädring. Sen skulle vi se till att du fick nåt riktigt att äta, att du fick duscha ifred och låta det ta tid.

[...]

Vi skulle omge dig med inspiration, asgarv och hopp mitt i tröttheten. Vi skulle sätta föräldrafilter på alla fluffbloggar och katastroflöpsedlar. Vi skulle sätta en torped på att tysta de i mediavärlden som bygger upp ett föräldraideal. För vi behöver inga ideal, vi behöver få vara som vi är.

När vi kommit hem kan du få sova lite till, bara för att få känna känslan av att kunna somna om.

När du vaknar kommer det att kännas bättre. Vi lovar.

Bloggen *Hormoner & Hemorrojder*, juni 2013

Ja. det har blivit mer ok att gnälla. Det började med *Hormoner & Hemorrojder* och sen följde artiklar, bloggar och böcker om det lite mer olyckliga föräldralivet. Vi har också äntligen vågat börja prata om det verkligt svåra i och med romaner om förlossningsdepression som till exempel *Moderslycka: vart tog glädjen vägen?: en mammas berättelse om depression efter förlossningen* av Helena Askén. Bloggen *Motvilliga mamman* fick stor uppmärksamhet. Skribenten är en anonym förälder som inte älskar småbarnslivet. Bloggen är heller inte trösterik utan ofta gnällig, trött och uppgiven. Som en själv alltså – och det skapar inte bara positiva reaktioner. Den nya "gnälltrenden" blir ifrågasatt också, inte minst av andra bloggare.

> Det är otroligt tråkigt att man ska hylla allt som är dåligt när det gäller graviditeten och få barn, det är ju ändå det som är (enligt mig) det största och bästa som finns i livet. Jag lovar dig, du som vill ha barn i framtiden men som bara hör från kollegorna på jobbet (eller dessa tidningar) om sömnlösa nätter, bråk inget sex – lyssna inte! Man bestämmer själv hur ens vardag ska vara, oavsett sömn eller inte. Jag är så otroligt less på hur bebislivet jämt och ständigt ska göras narr av, jag har aldrig haft en bättre tid i mitt liv.
>
> Blondinbellas blogg, mars 2014

Kanske är sanningen för hård? Är det för mycket gnäll? Drar det ner oss föräldrar istället, så att vi inte kan ta för oss av vår egen lycka? Kanske borde vi fokusera på det positiva.

> När jag fick mitt första barn var alla fortfarande i den här bubblan av rosa skimmer och mammorna bloggade ikapp varandra om hur underbart det var. Mycket handlade om alla attiraljer till, pynt av barnrum, matchning av leksaker och sen såklart alla aktiviteter, öppen förskola, babysim, babyryt-

mik etc. Jag tyckte det var fantastiskt när jag hittade en mamma som inte höll med alla de andra (som vi kallade dem) sevenheavenmammorna. Vi hatade att stå i parken och glo på en bebis som gungade. Vi pratade bajs och kräks medan vi drömde oss bort. Därför är det bra att det blir fler "verklighetstrogna" bloggar och folk som verkar tala mer klarspråk kring babylivet. MEN jag upplever att det stjälpts över. Nu är det snarare en tävling om vem som hatar blöjbytarstunderna mest, vem har haft jobbigaste vaknätter. Det har blivit ett mode att berätta "sanningen" och gärna överträffa den som skrev senast. Jag kan ha fel men jag upplever det så.

Tove, förälder till två barn, 3 och 6 år

Har det blivit för mycket?

Nej, jag tycker inte det.

Motvilliga mamman behövs. *Hormoner & Hemorrojder* behövs. Allt gnäll behövs. Böcker om förlossningsdepression, tidningsartiklar och tv-program som inte glamouriserar den första tiden behövs. Det *är* ju väldigt jobbigt att var förälder många gånger. Att diskutera baksidor är vettigt och sunt. Alla mår bra av ett klimat där det är okej att erkänna att orken inte alltid räcker. Föräldrar är människor, och föräldrarnas känslor inför barnet och livet som förälder säger inget om kärleken till barnet.

Jag tycker det suger att vara förälder, väldigt ofta. Det innebär inte att mina barn faktiskt märker av det. Och det innebär som sagt inte att jag inte älskar dem. Hade jag verkligen varit så hemsk som vissa läsare verkar tro så hade nog någon närstående till mig reagerat vid det här laget, jag har ändå varit mamma i fem år och ungarna verkar hyggligt normalstörda. Än så länge.

Bloggen *Motvilliga mamman*, november 2013

Jag tycker *Motvilliga mamman* sätter ord på varför det är bra med föräldrar som är ärliga i bloggar: för att vi ska våga vara ärliga i verkligheten med, så klart. Vi ska kunna säga att vi tycker vardagen är svår utan att bli anklagade för att inte vilja våra barns bästa. Våra barn blir normala fast vi inte bäddar med sidenlakan och har en flaska bubbel på kylning (och har man det faktiskt så ska det nog ordna sig för de barnen också).

Skönt.

Nu när bloggarna blivit dissekerade och vi kan konstatera att det har uppstått en plötslig terrorbalans mellan njutning och lidande, måste jag nog ta upp platsen där det verkliga nätskrytet frodas: sociala medier.

Ur Facebook-flödet:
"Härliga härliga höstväder! Om en timme hämtar jag hem de finaste två för fredagsmys!"

"Haft en supermysig helg med mycket skönt häng med härliga vänner, film och lite egentid med älsklingen."

Visst, det är jobbigt med bloggar om det perfekta livet, men är det inte ännu lite värre med skrytet oss föräldrar emellan på sociala medier? Skryt som också helt säkert bara är välment men som en med ett för tillfället mindre lyckligt liv mår dåligt av.

Inte så att människor inte ska få ha det bra, men måste vi gnugga det i ansiktet på varandra hela tiden? Visst finns de där typerna i ditt sociala flöde också? De där som inte kan sluta berätta hur myyyyysigt det är, och som kräver likes, medhåll och tillrop?

Istället för Narcissus, som blev förälskad i reflektionen av sin egen spegelbild, verkar den moderne svensken sitta framåtlutad över datorskärmen, förälskad i bilden som målas fram av de egna statusuppdateringarna.

Dagens Nyheter, oktober 2010

Varje person med Facebook vet hur verkligheten egentligen ser ut: någonstans mittemellan misären och skrytet. Det är bara att se på sig själv och hur man beter sig i sociala medier för att förstå det.

Vi är ju gärna lite skrytiga i verkligheten också. Eller, snarare, vi undviker att prata om att saker kan vara jobbiga, precis som det där med att vi ska "njuta" under första tiden med ett nyfött barn. Möjligtvis erkänner vi det i efterhand, när vi redan mår bättre och det jobbiga finns på behörigt avstånd. Då går det bra att dela med sig, vara medkännande mot andra som har det svårt (om de nu erkänner det) och reflektera.

Eftersom jag kommunicerar mycket på Facebook, Twitter och Instagram så tar jag också del av andra människors flöden. Många av dem är småbarnsföräldrar. Och de flesta lägger upp bilder, videos och texter om allt som går bra, allt som är gulligt och allt som är fint. Det skapar en bild av att alla andra småbarnsföräldrar är lyckliga, löser allt med en klackspark och att jag är den enda farsan i världen som inte hittat en manual för hur jag ska bete mig än.

Problemet är inte att jag jämför mig med en av de andra farsorna. Jag tar ALLA de andra farsornas bästa egenskaper och sätter ihop dem till en jättetransformer som har tjugo superkrafter på en och samma gång och så jämför jag mig själv med den.

Ur Navid Modiris blogginlägg "Världens sämsta pappa presenteras i samarbete med SKULD AB" på *navidmodiri.com*

Jag önskar ofta att vi kunde vara mer här och nu, också på nätet och våga diskutera mer, problematisera. Visa mer av oss själva. Vi behöver det för att inte känna oss ensamma när den lyxiga middagen åker i soporna och falukorven åker fram. Eller när man har ansträngt sig nästan övermänskligt mycket för att ha tid och råd att överraska med en spännande upplevelse på tivoli och barnet bara gråter av rädsla och vill gå hem. Eller när ens eget barn biter andra på förskolan. Vi skulle behöva berätta allt det här för varandra.

När vi vågar berätta och mötas kring det verkliga livet märks det att genomslaget blir enormt – precis som när jag bloggade om städningen. Bara när jag skrivit en Facebookstatus om vardagskaos eller strul har det hänt att vänner faktiskt ringer upp för att diskutera, kanske ge tips eller bekräfta igenkänningen. Själv känner jag lättnad när folk runt mig vågar ta bort fasaden och vara på riktigt. Kanske hade det varit enklare att vara förlossningsdeprimerad om någon annan av föräldrarna i gruppen vi tilldelades av BVC hade kunnat erkänna att allt inte var en dans på rosor? Om jag hade sett någon på Instagram som också serverar fiskbullar för tredje gången på en vecka, som inte heller får ordning på situationen när familjen ska gå på restaurang utan flyr hem med de andra arga restauranggästernas blickar brännande i ryggen?

Men jag är väl inte bättre själv egentligen.

> Känslan när man är på Ikea en lördag, och överallt barn som skriker, ligger på golvet, slår sig, slåss. Utom ens eget. Den känslan. #magi.
>
> Jag på min egen Facebook, september 2013

Ehm. Sten i glashus. I den statusraden sammanfattas alla gånger jag suttit i den motsatta situationen med mina barn – skrik, matkastning på golvet och sura blickar från omgivningen. Men det vet kanske inte de som läser min status, de ser antagligen bara skryt.

Frågan är kanske snarast hur vi ska hantera skrytet, och varför vi är så benägna att ta åt oss? Och en ännu viktigare fråga är: när ska vi börja se varandra som hela människor, också på nätet? Människor med både ilska, sorg, lycka och kärlek i våra liv. Så mycket tid som vi tillbringar på nätet, borde det nu vara på tiden att behandla varandra som folk. Eller är det kanske just vad vi gör?

Evigt testande

Attachment parenting. Baby led weaning. Femminutersmetoden. Sova hela natten. Unschooling. För den som vill finns massor av metoder att välja mellan och hur många etiketter som helst att klistra på sitt föräldraskap. De här etiketterna handlar om förhållningssätt till föräldraskapet, ställningstaganden och val som är kopplade till dem. Som att det i ”attachment parenting” ofta ingår att bära barnet mycket, kanske vänta med förskola eller sova hela familjen i samma säng och att ”unschooling” innebär att barnet ska lära sig av livet istället för av en traditionell skola. I nischade föräldraforum som *Sjalbarn* och Facebookgrupper som *Nära föräldraskap* och *Unschooling* möts föräldrar för stöd, tips, råd och diskussioner.

I början av mitt föräldraskap var jag helt övertygad om att *attachment parenting*, nära föräldraskap, var något för mig. Jag läste massor, köpte bärsjalar, pratade mycket om att vara känslomässigt tillgänglig för barnen utifrån tips och råd jag läst i olika artiklar. Samtidigt blev jag allt mer stressad. Det kändes som att det blev ännu lättare att göra ”fel” nu när det fanns en handbok i hur jag skulle göra.

Jag har läst och läst på nätet om olika sorters sätt att hantera spädbarnstiden. Det är som en ny värld som öppnar sig, jag blir mer och mer förvirrad. Hittade en sajt om nära föräldraskap, attachment parenting och en annan sajt om sjalar. Det gjorde mig ännu mer förvirrad. Att ha barnet i sjal kan vara en livsstil, tydligen. Men där ingår också långtidsamning, vilket jag inte alls nödvändigtvis tycker är bra. Och ett forum med en massa proffstyckarföräldrar som hackar ner på varandra, som överallt på nätet när det kommer till teorier om föräldrar och barn. Nu har jag kommit fram till att det bästa är att gå på känsla och ta problemen allt eftersom de uppstår. Mitt barn är ju en liten människa i första hand och jag måste få behandla henne som det passar henne och mig bäst. Men det är svårt, verkligen. Väldigt svårt att inte oroa sig.

Min egen blogg, december 2007, då mitt första barn var två månader gammalt.

Det slutade med att jag knappt klarade av att höra talas om några olika ”typer av föräldraskap”. Vad jag inte klarade var att det liksom förväntades av mig att om jag gjorde en sak, skulle jag också göra en annan och ansluta mig till någon sorts föräldrasubkultur där också min personlighet tycktes värderas. Jag var istället tvungen att skjuta allt ifrån mig för att kunna må bra, medan många bekanta var jätteglada när de hittade samma sajter för att det äntligen fanns likasinnade att prata med.

Och så alla ”metoder” – de kan te sig som enkla ”recept” att följa till punkt för att hitta en lösning på ett visst problem i en familjesituation. Faktiskt kan de kännas som den enda möjliga lösningen när det är *riktigt* jobbigt.

Den kanske mest omdebatterade är sömnmetoden femminutersmetoden. Och på tal om den – det var i sömnen en av de stora omställningarna med att få barn låg, för mig. Det där med dygnet runt-ansvar var något som jag trodde att jag förstod redan på pappret, men egentligen inte fattade förrän vi hade kommit hem med vårt första barn. Därför är det ett bra exempel på hur vi var beredda att testa alla metoder och "kurer" som finns, hur vi läste på och letade svar och tidvis varken visste ut eller in.

Dygnet runt betyder alltså dygnet runt. Oavsett hur trött jag är, oavsett hur orättvist det känns, oavsett hur mycket jag vet att jag kommer att kräkas av huvudvärk om några timmar. Man måste gå upp. Om barnet inte råkar vara av den sort som sover hela natten – någon sådan har aldrig hänt mig men jag har hört att det finns folk därute som har det så, vilket de nog inte vågar erkänna av rädsla för attacker från människor som jag.

Sömnbristen.

Den kom som en chock.

Visst har jag varit trött i livet. Suttit uppe med hemtentor fyra nätter i rad, legat vaken och oroat mig för saker, jobbat tills jag stupat och, i lite roligare fall, dansat eller suttit på efterfester och pratat tills det är dags för frukost. Ändå – inget kan jämföras med tröttheten jag stundtals känner som förälder. Jag har varit helt uppgiven ibland, för att inte säga ganska ofta.

Åh, sömn. Det finns nog inget som gör en mer benägen att söka lösningar, metoder, expertutlåtanden. Vad som helst, bara barnet sover.

> Känner ni att ni testat allt och blir allt mer desperata av sömnbrist kan det vara idé att testa någon av de metoder som finns. Innan ni börjar bör ni utesluta att sömnproblemen beror på att bebisen inte mår bra. Det gör också att ni själva kan utföra metoden med en självsäker attityd. Försök också att få avlastning veckan innan, så att ni själva får lite extra sömn, det kan behövas.
>
> *Vi Föräldrar*, september 2009

Metoderna som *Vi föräldrar* presenterar är ”Femminutersmetoden” (den känner vi ju till), ”Gradvis utsläckning” (som femminutersmetoden fast det är ok att röra vid barnet, ungefär), ”Ferbers progressiva” (som en boot campversion av femminutersmetoden), ”Sova hela natten-kuren” (den mycket omdebatterade Anna Wahlgrens metod), ”Somna utan gråt” (en ”mjuk” metod), ”Stolmetoden” (är vad det låter som, fast det är inte barnet utan föräldern som ska sitta på en stol som gradvis flyttas bort) och ”De fyra S:en och ett V” (få bebisens tillvaro att så mycket som möjligt likna miljön i livmodern genom att utföra fem olika steg).

Jag tyckte från början att det lät påfrestande att utsätta sig och sitt barn för en metod. Komplicerat och lätt att göra ”fel” (kritikerna är ju minst sagt högljudda i de här frågorna och sådant är jag som bekant känslig för). Men de hägrade med sina löften om många timmars sömn, lugnare nätter, piggare föräldrar och barn. Solskenshistorierna fanns också alltid där när metoderna kommer på tal. Lyckliga berättelser från föräldrar som blivit hjälpta ur en svår nattsituation genom att följa ett visst schema. Också bland mina egna vänner fanns många som fått tystare nätter med hjälp av olika metoder.

Jag hoppades att vi skulle kunna hitta rätt och letade genom alla olika ”recept”. Testade lite olika mellanvägar utan vidare resultat och med en känsla av otillräcklighet som följd. Tydligen var vi inga metodmänniskor i vår familj. Det hade kanske varit bra att vara sådan. Kanske vi hade sovit på nätterna då.

Jag skulle nog inte säga att vi använt oss av några metoder. Däremot har jag/vi läst om olika områden, till exempel sömn och mat, och där har jag tagit till mig från olika ställen. Det som känts rätt för oss. Personligen har jag jättesvårt att följa olika metoder, vad det än handlar om. Både när det gäller mig och mitt barn, dels för att jag har svårt att hålla samma vana hela tiden och för att jag sällan köper "hela paketet" av en metod. Hittills har det känts som det funkat bra.

Anki, förälder till ett barn på 2 år.

Vårt första barn sov alltså dåligt på natten. Som en zombie vacklade jag till jobbet med hennes skrik och min egen frustration ringande i öronen. Ibland hade vi försökt att låta bli att ta upp henne ur sängen, ibland hade vi försökt låta henne sova mellan oss, ibland hade vi försökt med mat och ibland att vänta utanför hennes rum och gå in regelbundet och lägga ner henne. Inget fungerade. Allt kändes hopplöst och nattsvart, och framför allt tröttsamt. Skull det någonsin ta slut? Ja, det gjorde det faktiskt. Men tyvärr, jag har ingen aning om exakt hur det gick till, för det var inte min förtjänst. Det är nästan svårt att acceptera efter allt metodtestande vi körde. Precis som det där med nappen: vi visste att det var "bäst" att sluta, för tändernas skull. Vi testade allt: åkte till Lill-Skansen med napparna, lockade med presenter. Men hon vägrade. Tills hon själv bestämde sig för att sluta (okej då, hon fick glass till frukost också).

Vårt andra barn sov ännu sämre. När han nådde två års ålder var vi fortfarande uppe med honom minst fyra gånger per natt. Ingen metod eller något trick vi hört talas om hjälpte. Samsovning (att sova i samma säng som barnet) var inget för oss för det slutade bara med att han blev jättepigg och låg och slog oss i huvudet. Sömnkurer orkade vi inte med, vi var för trötta för att försöka vara konsekventa. Så vi lät honom hållas, värmde flaska efter flaska med välling som han girigt svepte och somnade en timme till. Hopplöst kändes det.

Ändå. Metoderna. På något vis var det skönt att de fanns där, som en hemlig lösning om det verkligen skulle skita sig. Som en trygg varudeklaration på en ”väg ut”. Jag var beredd att testa allt. Det var bara det att jag inte var tillräckligt konsekvent och uthållig, något som jag ofta tänkt att både jag och mina barn skulle må bra av. Men nu är det som det är och jag får, som med så mycket annat, försöka acceptera att det som är underbart för andra kanske inte alls funkar för oss. Och plötsligt sov vår tvååring en hel natt, helt oförtjänt för vi hade inte hjälpt till. Han bara bestämde sig. Så kan det väl inte vara?

Nej, det var inte så. Nästa natt vaknade han extra många gånger istället.

Dessa saker har testats på barnen i vår familj, med varierande resultat:

- Somna på en förälder i soffan. Resultat: Funkade tills det var dags att själv lägga sig, då barnet vaknade, superpiggt och ville leka.
- Vetekudde i sängen en stund före läggdags så sängen är uppvärmd. Resultat: Barnet blev nyfiket på den varma sängen, och piggt.
- Föräldern sitter bredvid barnet och håller handen. Resultat: barnet blev gladare och piggare för varje minut och stod till slut upp i sängen och tjoade.
- Ligga bredvid barnet. Resultat: Barnet gick upp och sa ”Du kan ligga här, mamma, jag går ut nu”, gick ut och satte sig och lekte. Alternativt började barnet nypa föräldern hårt i näsan, piggare än någonsin.
- Gå ut och låta barnet somna själv. Resultat 1: Barnet skrek och föräldern fick gå in igen. Resultat 2: Barnet kom själv ut ur rummet, jättepiggt, gång på gång.

Jodå. Vissa saker funkar ibland. En del saker har funkat en gång och det kan man aldrig glömma. Inget funkar alltid. Och jag är definitivt inte ensam om att känna så, enligt ett av mina favoritblogginlägg som publicerades just då sömnbristen var som allra värst hos oss. Testa, testa, testa.

OM SÖMNMETODER

- ~~Sova Hela Natten~~
- ~~5-minutersmetoden~~
- ~~Hänga i Babybjörn på pappas mage~~
- ~~Somna i mammas famn på pilatesboll~~
- ~~Imse vimse spindel~~
- ~~Högläsning ur barnbok~~
- ~~Astrid Lindgren-skivan~~
- ~~Ibiza Hits vol. 2~~
- ~~Filmen *Babel*~~
- Högläsning ur Tomas Tranströmers *17 dikter*
- Bedövningspil

Bloggen *Hormoner & Hemorrojder*, februari 2012

Det finns inga metoder som funkar jämt, enligt mig. Fråga någon annan och svaret blir annorlunda, men för mig känns det som att föräldraskap är ett evigt testande och metoderna är bara ännu ett av testerna. Är det för svårt går jag vidare och prövar något nytt, vilket kanske gör hela metoden värdelös, för att vara konsekvent och uthållig är ofta en viktig del (om det inte handlar om snabba, över en natt-, ”mirakelmetoder”, men såna undrar jag om det verkligen finns inom föräldraskap).

Ännu mer rörigt blir det av att vissa saker funkar jättebra för en del medan de inte funkar alls för oss. Hur ska man då kunna VETA?

Malin Alfvén tycker inte att det går att ge generella råd om bästa uppfostringsskolan, eftersom metoderna fungerar olika på olika barn – och på föräldrarna.

– Föräldraskap är skapande tillsammans med barnen. Vi skapar beteenden hos barnen och de skapar beteenden hos oss, säger föräldrapsykologen Malin Alfvén.

Hon tycker att det som är viktigast är svenska föräldrar generellt redan bra på – att visa sina barn kärlek, närhet och respekt.

Intervju med föräldrapsykologen Malin Alfvén
i *Svenska Dagbladet*, november 2013

Jamen vad bra. Då är det lugnt då. Det finns inga universalmetoder och jag är redan bra på att visa barnen kärlek, närhet och respekt. Skönt.

Men jag fick fortfarande inte sova. Jag vacklade av trötthet på dagen och dunkade huvudet i väggen av frustration tills jag fick en bula när barnet bestämde sig för att vara vaket och vilja leka mellan klockan 01 och 05 en vardagsnatt.

Hur bra är en människa på att visa kärlek och respekt just precis då?

”Det kan ju inte vara bra för honom heller med en förälder som skäller på honom natten igenom och en familj som håller på att gå i kras på grund av trötthet”, sa en kompis som har två barn och inte heller fått sova på flera år. Vi hade hittat varandra i misären och utbytte skräckerfarenheter när det var som värst. Om hur vi inte sovit en hel natt sen vi var gravida – första gången. Om hur äktenskap ställs på sin spets när föräldrarna aldrig får dela säng utan hela tiden sover med var sitt barn. Om hur det är möjligt att barnen ändå är pigga och glada på dagen när de är det på natten också.

Kan bara konstatera att mantrat ”det går över, det går över” var det enda som höll mig vid sans i dessa stunder. Det har med tiden blivit min egen privata ”metod” för att stå ut. Får tidningarna hitta på nya metoder så får väl jag.

Och det blir alltid morgon till sist. För det är under natten det är som värst. När allt känns som att det ska vara för alltid, som att jag aldrig ska kunna tänka och jobba normalt igen. Sen, när det jobbiga tillfälligt är över, har det med åren blivit allt lättare att släppa tankarna på det och göra något annat tills det är dags igen.

Förresten, det finns en till ”metod” jag aldrig tycks kunna släppa. Den största föräldrafällan, som jag brukar ramla i när hopplösheten slår till: Googleträsket.

En decembernatt sitter jag där igen. Barnet har feber, hon har hög feber och jag kan inte sova utan sitter och lyssnar på hennes korta, flämtande andetag från rummet intill. Ibland kastar hon sig av och an i sängen och oron knyter sig i magen. Visst är det inte bara feber? Visst måste det vara något ... mer?

Datorn bredvid mig är min vän och min fiende. Jag vet att jag inte borde men ...

www.google.se

”Barn feber”

”Barn hög feber”

”Barn hur hög feber”

”Barn feber farligt”

”Barn feber symptom”

”Barn feber akut”

”Barn feber sjukhus”

Skräckhistorier radas upp på skärmen. Och historiken talar sitt tydliga språk: Google har gjort mig till nät-hypokondriker å mitt barns vägnar.

Sjukdomar är förstås inte det enda jag letar efter. Har jag väl släppt fram sökmotormonstret går det inte att stänga in igen. Några typiska fraser frekvent googlade under småbarnsåren:

”Dålig förälder tecken”
”Överleva trotsåldern”
”Är mitt barn normalt”
”Separationsångest barn”
”Psykolog förälder”
”Hur vara en bra förälder”
”När gå till BUP”
Och så vidare.

Men det är lätt att se ner på sig själv. Jag kanske inte kan rå för att jag ramlar i fällan? Vi människor är informationssökande av naturen, och den som dessutom valt att bli journalist får ta konsekvensen. Jag läser och läser. Jämför och jämför. Vilket alltför ofta resulterar i dåligt samvete, stark oro och en känsla av att inte räcka till.

Självhjälp förvandlas lätt till självstjälp. I alla fall för mig, som i mina sämre stunder under de första åren tog första bästa argument från föräldraforumet familjeliv.se eller en blick från någon okänd person i lekparken som en anledning att känna mig som en dålig förälder.

Men hur gör jag då? För någon sorts kontinuitet måste jag ju ha. Har jag inte det är problemen tillbaka och nya lösningar måste sökas, vilket händer mig hela tiden. Och då är jag tillbaka på Google igen.

”Barnet sover i eget rum farligt?”
”Inte ammar skada anknytningen”
”Börja på förskola tidigt farligt”

Alla söktermer här ovanför handlar om val jag själv har gjort som förälder. Och alla ger högt listade resultat på sökmotorn som visar att ja, det *är* farligt att låta barnet sova själv, jag *kan* skada anknytningen genom att inte amma och barn som börjar på förskola tidigt kan känna sig övergivna. Ändå har precis de valen tveklöst varit de absolut bästa för mig och det finns andra träffar, fler träffar, som säger precis motsatta saker. Men en dålig dag, efter extra många bråk om oviktiga saker med mina barn, då tar jag till mig alltför mycket information. Hårt vinklade artiklar om forskningsresultat och trådar på föräldraforum där självutnämnda experter talar om vad som är bäst tar sig innanför huden och skaver, ger skuldkänslor och obehag.

> JAG (vad andra gör är deras sak) skulle absolut inte utsätta mitt barn för något som jag var det lilla minsta tveksam över. Varför ge sig in på olika metoder om man inte är trygg i sin föräldraroll man kan ju skada barnet. Man ska känna efter själv vad man tror är bra för familjens situation. Därför förstår jag inte det där med "att ge dåligt samvete". Får man dåligt samvete så är det befogat.
>
> Signaturen "Abigail" på föräldraforumet *Familjeliv.se*

Skuldbeläggande på nätet, modell 1A. Att göra ett visst val vad gäller barnet kan verkligen leda till många tolkningar hos andra människor. Ofta känns det som att diskussionerna har mycket lite med barnet att göra och mycket mer med vår egen vilja att bekräfta oss själva som förträffliga. Det är sammanfattningsvis vad jag lärt mig av alla föräldraforum, uppletade artiklar, präktiga superbloggar och mindre präktiga kommentarsfält där hatet flödar mot ”felaktiga” val.

Jag läser och läser och till slut vet jag varken ut eller in. Under tiden har mina barn växt till sig. De äter själva med bestick, läser i sängen innan de somnar och hänger med sina kompisar, helt utan min hjälp. Och han som började sova på natten har slutat sova ännu en gång och jag är tillbaka vid mikron i gryningstimmen.

Och Google.

”Välling på natten två år”

”Två år äta på natten”

”När regelbunden nattsömn”

Suck.

Ser framtiden för mig.

”Välling på natten tonåring”

”Fjorton år vaknar hela tiden”

”Dålig förälder artonåring”

Eller? Kanske lite mer tålamod är lösningen? Jag är medveten om att mitt perspektiv är lite ... snävt ibland. Får skylla på tröttheten. Jag vill att det ska bli bättre ... exakt NU. Och då är faktiskt vad som helst värt att testa.

Partnern och schablonbilden

En studie som genomförts vid Karolinska institutet i Solna visar att 15 procent av de nyblivna papporna i Stockholms län har depressiva symtom i samband med att de fått barn, rapporterar SR Ekot.

I studien har 3 600 män som fått barn svarat på enkätfrågor och det visade sig att 15 procent av de tillfrågade fäderna hade depressiva symtom.

– Jag hade inte trott att vi skulle hitta så många. Vi hade kanske gissat på några procent, säger Magdalena Carlberg, som lett studien, till SR.

Dagens Nyheter, oktober 2013

Ett sorl av röster blandas med barnskrik i kör, prasslet från påsar och ljudet av ballonger som spricker. Hall 1c på Älvsjömässan i Stockholm är till brädden fylld med ”allt som kan vara intressant för föräldrar och blivande föräldrar”, det är dags för mässan *underBARA BARN* 2013.

Innanför entrén står journalisten Ebba von Sydow och marknadsför sin nyutkomna gravidbok. Runt henne står en grupp glada mammor med cityvagnar och diskuterar ivrigt medan deras bebisar, som ännu inte tröttnat på mässlivet, fascinerat stirrar på några strålkastare. Längre in finns montrar där allt från privata BB till de största baby-butikerna marknadsför sig. Överallt barn som leker, ammar, prövar mössor, äter bananer, sover, klättrar. Och överallt föräldrar som släpar runt på jättelika kassar med prylar.

”UnderBARA BARN är en konsumtionsmässa framför allt”, konstaterar en bekant som tagit chansen att marknadsföra sina gravidsmycken och barnkläder i en liten monter som inte många hittar in i eftersom det alldeles intill säljs barnrumsinredning till outletpriser i en jättestor monter.

Och det är en mässa för mammor framför allt, kan också konstateras. De pappor som syns till är i samtliga fall sällskap åt en partner. Och i många fall har de då inga medföljande barn utan kvinnan har istället en synlig gravidmage.

Mässan består till största delen av klara, glada färger, leksaker, mjuka djur, bollhav och annat som anses ”barnvänligt”, gulligt, ulligt och mjukt.

Med ett enda undantag.

Mitt i mässhallen, intill Babylands jättelika utförsäljning, står en vräkig, svart bil i en stramt formgiven monter i nedtonade färger. Här är det betydligt glesare bland besökarna. Det är tidningen *Pappa* som också finns på plats.

Schablonbilden blir så stark att det svider i ögonen.

En hel vägg med tidningsomslag fångade mitt intresse, vad sjutton gör en herrtidning här? Omslag efter omslag frontades av kända män i tredagarsstubb och snyggstajling och inget, absolut inget tydde på att det var en föräldratidning. Utom titeln: ”Pappa Magazine”. Tidningen för frånvarande fäder, för var är ungarna? Kanske är de inne i tidningen? Jag sätter mig ner och letar, bläddrar förbi plocksidor med

> raklödder och testet med bilbarnstolar och kommer till wow! En jättefin, stort uppslagen bild på en pappa med sin nyfödda bebis på magen. Fast det var reklam för en bärsele.
>
> Åsa Erlandsson i *Aftonbladet*, oktober 2012

Först när tidningen *Pappa* funnits i mer än två år, publicerades ett första omslag med ett barn på.

Pappor. De är i och för sig föräldrar, men de är ju *människor* också. De måste ju få ha sina bilar.

Det låter som en skröna från 1950-talet men är fortfarande ofta den bild av partnern, om det är en manlig partner, som ofta möter oss genom media idag.

> Jag köpte tidningen *Pappa* när den började ges ut. Blev glad, tänkte "äntligen!" Min man tittade på den och sågade den helt. Till exempel så fanns en artikel om whiskey i tidningen. Kan du tänka dig en artikel om drinkar i *Mama*?
>
> Giedre, förälder till två barn, 4,5 och 2,5 år

Nej, föräldratidningarnas pappasidor, och till viss del också den tunna marknaden av pappatidningar, lämnar verkligen mycket att önska. Det känns som läsning som egentligen är till för mammors förströelse. Gärna om någon snygg hockeyspelare och hur fantastiskt det är att han är en pappa (givetvis med en del problematisering, det gör historien mer dramatisk). En massa gamla schablonbilder målas upp, om och om igen: pappan "sköter markservicen", är inte lika betydelsefull för anknytningen under barnets första tid, ska självklart lämna plats åt den mamma som vill vara föräldraledig och så vidare.

Nu syftar jag förstås på *bilden* av partnern, framför allt pappan. Inte om hur partners alls är, i allmänhet. Men att de flesta inte passar in i schablonerna kan vi knappast tacka tidningar eller den mesta ”pappalitteraturen” för. Snarare finns det väldigt få böcker som på ett vettigt sätt riktar sig till partnern.

> Om du vill bli mentalt förberedd för ett barn så kan du sluta läsa nu. Men om du vill lära dig hur du inte ska bete dig inför en förlossning, hur du bär ett sovande barn från bilen utan att det vaknar och pajar ditt planerade tv-spelande, hur du tar på ett barn ytterkläderna utan att dö eller hur du räddar en överhettad barnmatsburk – ska du fortsätta läsa.
>
> Baksidestext på boken *Grattis du ska bli pappa* av Magnus Reithner, Anomar förlag 2013

Tänk om den texten skulle rikta sig till en mamma? Att en mamma ens skulle överväga att *spela tv-spel* skulle aldrig komma på tal. Att alla pappor helst av allt vill göra just det och att de dessutom behöver en bok för att lära sig ”hur man tar på ett barn ytterkläderna utan att dö”, är tydligen givet, i alla fall om man ska tro boken. (Jag skulle också gärna vilja veta det där om ytterkläderna, i och för sig. Men det finns tyvärr ingen bok om det. Perfekta mammor har väl det medfött.)

Jag tror ine att det här är en nyhet, men partners är också föräldrar. Den enda skillnaden är att de inte har burit barnet inom sig. De är också föräldrar och behöver det föräldrar behöver och gör det föräldrar gör. De ska också inkluderas när alla från vårdpersonal till ledare för barnens aktiviteter adresserar vårdnadshavaren, vilket i skrämmande många fall alltid bara antas vara mamman. En partner (eller för den delen annan anhörig, om partner inte finns) får antingen sitta bredvid som ett bihang eller kasta sig fram och *kräva* uppmärksamhet.

Koka gröt, byta blöjor, torka snor, läsa sagor, tvätta väldigt små kläder väldigt många gånger.

Jag ska vara borta i åtta månader, över vinter, vår och sommar.

Över OS, Champions League-finaler och VM i Brasilien.

För mig känns det lite overkligt.

För många andra tycks det helt overkligt.

När jag berättat om mina planer har flera manliga sportjournalistkollegor tittat konstigt på mig och sagt: "Ja, kul, men du ska väl fortsätta skriva?".

Nej, jag ska vara pappaledig.

"Jo, men dina krönikor ska du väl fortsätta med?"

Nej, jag tänkte vara helt ledig för en gång skull.

"Jaha, häftigt, men lite tv blir det väl ändå?"

Otroligt.

När jag lämnade in min ledighetsansökan dröjde det bara någon dag innan en överordnad ringde.

Han undrade om jag ändå inte skulle ta och jobba lite under pappaledigheten.

Gärna direkt, under de första veckorna.

Mest för min egen skull, förstås.

Marcus Leifby i *Wendela*, *Aftonbladet* januari 2014

En annan grej med partnern, om det är en man, är det här med den beundrande uppmärksamheten han får från omvärlden (till skillnad från mödra- och barnvården där alla ser förbi honom). Fortfarande är det tydligen otroligt fint med pappor som går runt på stan med en barnvagn eller matar sitt spädbarn med nappflaska på ett fik. Särskilt det sista är något som många mammor berättar om, eftersom de mammor som ger nappflaska kan uppleva sig få kritik för, att de inte ammar.

"Jag tror framför allt att det är skillnad i bemötande när barnet är upp till två år. Pappor behandlas dels som extra inkompetenta för uppgiften att ta hand om barnet, dels som extra duktiga som ändå försöker", säger en vän som är ensamstående pappa till sitt barn.

Och han har rätt, vilket är nedvärderande för alla föräldrar. Mamman anses ha den rätta "känslan" helt automatiskt, pappor är "duktiga" och anses därmed egentligen inte vara kompetenta. Min kompis Andreas, trebarnspappa, känner också igen sig.

"Många 'lägger huvudet på sned' när de pratar med mig när jag är på öppna förskolan och liknande ställen. Det är störande."

> En eftermiddag tog Magnus med Vidar i babybjörnen då det var hans tur att handla frukostbröd. När han kom tillbaka berättade han glatt om hur roligt det var att alla är så trevliga i kvarteret där vi bor. Bagerikvinnan hade hoppat upp och ner av glädje över den stilige mannen och den söta babyn. Hon hade till och med ropat in en kollega från bakrummet så att hela personalen kunde gulla med Magnus och Vidar. Jag skulle fort lära mig att en man med ett spädbarn alltid är gulligare än en kvinna med samma accessoar. Eller så är det bara jag som inte är lika älskvärd som min man. Inte alls osannolikt.
> Peppe Öhman i boken *Livet & barnet*, Schildts förlag 2011

Det här gullandet med pappor kan säkert vara upplyftande, men ärligt talat, det är väldigt förminskande. Och exemplen från verkligheten är många. En dag när jag är på Åhléns för att köpa vinteroveraller till barnen står jag i kön bakom en man som skakar en barnvagn med ena handen och har en lila barntröja i den andra, som han håller fram mot expediten.

"Ursäkta, har ni den här i storlek 110?"

Expediten ler ett pedagogiskt leende.

”Hur gammal är flickan?”

Mannen ser förvånad ut.

”Fyra år, det är en pojke. Har ni den i storlek 110?”

När det är min tur sträcker jag fram overallen och frågar om den finns i en storlek större. Jag vet inte varför jag frågar, jag behöver den inte i en annan storlek. Men jag bara måste få veta.

”Vänta ska jag se efter”, säger expediten.

Jag förstår inte. Varför frågar hon inte mig hur gammalt mitt barn är?

Svar: För att det inte är relevant. En förälder vet väl vad barnet har för storlek. Tanken gnager i mig, varför trodde hon inte att pappan framför mig visste när jag omedelbart fick gensvar på min fråga om storlekar? Det må vara hjälpsamt, men varför förväntas inte pappor kunna dessa saker om sina barn? (Att hon dessutom bara antog könet på hans barn utifrån tröjans färg gjorde förresten inte situationen bättre.)

Jag kommer att tänka på en artikel jag läst av Johan Croneman, en av Sveriges mer kända journalister och pappor, om hur han blev nedlåtande behandlad av en expedit på ett nästan identiskt vis. Beteendet känns systematiskt.

> Män som köper en barnvagn får medalj. Det är definitivt så att män som till exempel hämtar på förskolan regelbundet är större hjältar än kvinnor som hämtar lika ofta. Alla, inklusive jag själv, hjälper till att sprida och vidmakthålla den illusionen.
>
> Johan Croneman i texten ”Allt om min pappa”, *Fokus* 26/2008

Varför är det så här? Svaret finns kanske i papparollens historia. 1974 beslutade Sverige, som första land i världen, om lagstadgad pappaledighet och papporna fick rätt att vara hemma med sina barn. Men Hoa Hoa Dahlgren och kampanjer om hur papporna plötsligt tog mycket mer plats i barnens liv i all ära, det var inte särskilt många pappor som valde att vara hemma på den tiden. Och egentligen inte nu heller, vilket statistiken visar tydligt. Stora samhällsförändringar måste förstås ta tid. En del menar att det fortfarande är relativt nytt att pappor på en vardagseftermiddag kan vara hemma och bedöma storleken på sitt barns kläder och det kan vara något av en förklaring till att det alltjämt är så att en absolut majoritet av föräldraledigheten tas ut av kvinnor, och att bilden av den manliga föräldern är schablonartad. Men det är inget försvar. Inte för att många *fortfarande* blir förvånade över att en man ”vill” vara hemma (för mannen anses det alltså vara ett frivilligt val, för kvinnan ses det som en självklarhet). Inte för att de allra flesta faller in i normen som alla andra när barnen kommer.

> Flera studier visar att dagens fäder ägnar långt mer tid åt sina barn idag jämfört med 1960- och 1970-talens pappor. Tiden med barnen har uppenbarligen ett stort värde – det är något som män prioriterar. Men många studier visar att kvinnorna fortfarande har huvudansvaret för hemmet.
>
> Roger Klinth, docent vid Institutionen för beteendevetenskap, Linköpings universitet i artikeln ”Den nya pappan är gammal”, *Forskning & Framsteg* april 2011

Jämställdhetsplanerna far all världens väg när det plötsligt är den enklaste vägen som är viktigast. Samhällsstrukturen är uppbyggd som den är och det är enkelt att bara göra som alla andra. Det är inget försvar för det faktum att under barnåren halkar många kvinnor efter på arbetsmarknaden medan männen drar ifrån. Nu pratar jag statistik, självklart kan det se olika ut i individuella fall. Men en sak är alldeles klar: det är vi alla som ska ändra på det. Inte bara män som ska ta lika ansvar. Inte bara kvinnor som ska släppa kontrollen till partnern. Det måste vara alla, inklusive samhället självt. Jag tycker att det ska vara självklart att dela lika.

Ett brev till okända kvinnor

Kära ni okända kvinnor i varierande ålder, det finns något djupt rörande över ert beteende. Det är rörande när folk bryr sig. När kolonisatörerna kom till de okända och av hedningar befolkade landmassorna valde vissa att slå ihjäl de där boende. Andra gjorde som ni, klappade på huvudet, tog om hand och vårdade. För inte kunde väl dessa arma människor ta hand om sig själva och de sina.

Kära kvinnor i varierande ålder som jag aldrig träffat förut, när ni ler lite överseende och kommer med råd. Ja, då är det inte så rörande. Då är det ett litet övergrepp helt enkelt. Det är en nedvärdering av en främlings kapacitet baserad på yttre attribut och utseende.

Kära kvinnor i varierande ålder som jag aldrig träffat förut, utan möter flyktigt exempelvis på en tunnelbanevagn, som inte tror att jag kan ta hand om mitt barn eftersom jag är man, jag vet att det finns genusstrukturer som bidragit till att skapa era fördomar om mig och min kompetens som förälder. Jag vet det. Men ändå kära okända kvinnor: dra åt helvete.

Från bloggen *Jag, en pappa*, oktober 2013

Undantag

Jag kan skriva hur mycket som helst om goda råd, medier och böcker som vill säga hur saker ska vara, att jag inte vill lyssna och att medier sänder dubbla signaler som förvirrar.

Men.

När det verkligen gäller, då kan de där böckerna, artiklarna och de okända personerna på internetforumen vara räddningen som behövs. Då, när livet förändras så drastiskt och dramatiskt att det inte går att klara på egen hand, när allt är en kaosartad storm av sorg och kris. Då kan de här sakerna bli de som håller en uppe. Saker kan gå allvarligt fel, med barnet eller med en själv, och då är det viktigt att hjälpen och råden finns där, lättillgängliga. Då kan experter och skyddsnät i olika former vara avgörande för att man inte ska bli galen.

Nu menar jag inte hur en förälder ska hantera att barnet hamnar i en svår situation eller går igenom en personlighetsförändring eller kris. För den här boken handlar om föräldrarna och hur vi hanterar oss själva, det är våra egna kriser jag menar.

Det kan komma stunder när man själv inte räcker till. Små eller stora händelser kan utlösa det. Saker som försätter vuxna människor i kris, depression eller något annat tillstånd som begränsar ens normala förmåga att hantera vardagen. Vad det kan vara varierar från person till person, men för mig hände det när min yngsta son var fem månader gammal och min dotter fyra år. Då blev sociala medier, tidningar, böcker – vad som helst – en tröst som räckte i stunden, som betydde allt för ett ögonblick och fick mig att orka några minuter till.

> Kan man någonsin acceptera? Jag får fortfarande spontana känslor relaterade till min vän i vardagen hela tiden, när jag ser något hon skulle gilla eller är med om något vi har pratat om. Sen kommer det som en smäll: nej, just det, hon finns inte mer. Det är som att famla i luften efter något man vet alltid funnits där. Som att plötsligt inte ha en hand eller ett ben längre. Känner ni igen er?
>
> Anonym (känner igen mig) Tors 17 jan 16:55
>
> Mer än väl hade lika gärna kunnat vara mina egna ord.
>
> Anonym (förtvivlad) Tors 17 jan 16:55
> Från tråden "Förlorat min bästa vän"
> i föräldraforumet *Familjeliv.se*

”Anonym (känner igen mig)” i konversationen ovan, var jag.

Vissa saker går inte att förbereda sig för. En varm och solig marsdag, när en koltrast sjöng så starkt att det nästan var outhärdligt utanför ett slitet sjukhusfönster på glänt, dog en av mina allra närmaste vänner efter en väldigt kort och fullständigt mardrömslik tid av akut sjukdom. Hon var den person som var mest lik mig här i världen och som jag aldrig kommer att få tillbaka. Det skedde obarmhärtigt dramatiskt och jag var med och såg det hända under mina livs hittills värsta stunder en marsnatt 2012. Stod i ovissheten i en mörk sjukhuskorridor för att några timmar senare promenera i den iskalla vissheten i vårsolen utanför. Inget kan förmildra den känslan, aldrig, och i de ögonblicken förändrades jag för alltid, på ett sätt som inte gick att förbereda sig för och som jag får lov att leva med.

Min första tanke, mitt inne i den stålkalla chocken var: barnen. Så starkt satt föräldraskapet i mig då, vilket nu i efterhand känns tryggt. Vårt yngsta barn var bara ett spädbarn, fem månader gammal, men det äldre var som sagt fyra år och min bortgångna vän hennes fadder. Vad skulle jag säga? Hur skulle jag säga det? Jag var chockad, förlamad av sorg och full av panik. Allting som jag visste och kunde hade kastats omkull och låg huller om buller någonstans längre bort i medvetandet där jag inte kunde nå det. Självdistansen var borta, förmågan att sätta saker i perspektiv och värdera vad som behövde göras: borta.

I sådana lägen är det tur att det finns personer som säger åt en vad man bör göra. Tur att jag tidigare i livet som förälder hade känt behovet av att vända mig till någon annan med mina frågor, så att jag visste att det fanns någon att vända sig till också nu.

Det första som hände när gryningen någon timme senare gick över till dag efter natten då vi tog farväl, var att jag kom att tänka på BVC och distriktssköterskan som räddade mig och min förmåga att hålla näsan ovanför ytan när jag fick mitt första barn. Nu stod jag med mobilen i handen på sjukhuset. Den ringde och vibrerade oavbrutet, det var alla andra vänner som ville veta hur det hade gått, hur hon mådde och jag klarade inte att svara och berätta. Istället slog jag numret till vårdcentralen så fort klockan slagit åtta på morgonen. Jag hade inte sovit på snart två dygn och nu ringde jag BVC för att få veta hur jag skulle klara av att åka hem och hämta mitt barn på förskolan och sen berätta att mammas bästa vän är borta.

”Ta det lugnt. Det bästa är att vara ärlig. Säg som det är men utelämna detaljerna. Och prata gärna mycket om änglar och himlen och sådana saker”, blev rådet från sköterskan som fann sig snabbt när hon förstått vilken extrem situation jag befann mig i. Det kan inte ha varit ett av de vanligaste samtalen hon brukade få under telefontiden.

Änglar. Himlen. Ärligt. Inga detaljer. Orden ringde i mig när jag satt på tåget hem från det mest overkliga dygnet i mitt liv med en oäten sallad i knät. Martin mötte mig på centralen med en sovande bebis i barnvagnen och vi promenerade hem i solskenet. Det kändes som att fötterna inte riktigt rörde marken när vi närmade oss förskolan.

Martin fick berätta. Han pratade med vår dotter medan jag pratade med personalen på förskolan, som stod på rad och grät.

Vår dotter grät inte.

Hon plockade några av de första krokusarna och sa till mig att jag inte ska vara ledsen för min vän är med hos oss hela tiden ändå, som en osynlig ängel. Jag behöver inte vara ledsen när vi kommer hem till vår nya lägenhet som min vän inte hann se, för hon ser den – det är bara det att vi inte kan se henne.

Av alla tröstande ord jag fick efter min väns bortgång, var inga lika tröstande som min dotters. Enkelt, bara. Hon är borta nu. Men hon ser oss.

Så långt allt väl med min dotter, som är ärlig och stark av naturen.

Svårare att hantera var mig själv och hur jag skulle vara med barnen utan att föra över alltför mycket sorg på dem, något som förvandlades till en sorts fix idé till slut, allt eftersom veckorna gick och mitt inre fortfarande kändes som ett öppet sår. Förkrossad och svårt traumatiserad hade jag väldigt svårt att hantera vardagen. Det blev extremt mycket bråk. Jag reagerade på ett sätt som jag inte brukade göra och förstod ingenting. Allting i livet låg huller om buller. Och det som kan låta simpelt när man inte befinner sig mitt i en kaotisk situation, men som just då var helt omöjligt att klara var: föräldraskapet finns där, ansvaret för barnen är där, hela tiden, oavsett vad som händer i livet i övrigt. Nu fanns plötsligt inte utrymme för att fundera över hur jag sa saker eller hur andra föräldrar såg mig. All ansträngning gick åt till att hålla ihop, vilket inte fungerade alls under en stor del av tiden. Då var det tur att det fanns vänner, mammor och, naturligtvis, en partner, som ryckte in. Ändå räckte det förstås inte. Händer något i mitt liv så blir familjen inblandad, något annat vore väl inte bara märkligt utan också väldigt sorgligt.

Men det finns gränser och jag ville inte utsätta barnen för min konstanta känsla av att hänga halvvägs ut över ett stup med hjärtat utanpå kroppen, utan gjorde så gott jag kunde för att ta ut sorgen där det fanns plats. Gick vägen mellan jobbet och förskolan med tårarna rinnande utan att tänka på vem som såg, för att stänga av dem som en kran precis innan jag kom fram. Passade på att gråta hemma och ringa alla jobbiga samtal när jag bara hade bebisen och tänkte att han är så liten, förstår inte. Och det gjorde han nog inte, för mitt i tårarna, sms:en och i en röra av gamla brev, fotografier och halvätna portioner pulvergröt log han och la en kladdig hand mot min kind, eller sträckte upp armarna för att bli lyft. På något vis tog vi oss framåt genom tiden.

> Jag fick ett missfall när min son var lite över ett år. Just då var jag arbetslös och hade enbart möjligheten till 15 timmar/vecka på förskolan. Det var hemskt. När mannen tog sonen till förskolan så lade jag mig i sängen, skrek i kudden, grät allt jag kunde, ylade. Och efter några timmar var det dags att klä på sig och gå och hämta sonen från förskolan och vara en mamma. Det kändes att jag befann mig under vatten hela tiden. Det tog på krafterna att fortsätta med alla sysslor som vanligt.
>
> En anonym vän med två barn

Sorgehantering ser säkert olika ut för alla. För mig var det tur att internet fanns. Att det fanns böcker, tidningar, bloggar om sorg och fina barnböcker om döden. Att det fanns forum där ingen någonsin slutade lyssna. Att det fanns poesiböcker och låttexter där jag plötsligt kände igen mig i varje ord. Jag läste och läste. Skrev och skrev. Allt stämde inte in på oss, men här och där fanns korn av något som kunde underlätta livet.

Många olika känslor finns i sorgen

Det är vanligt att andra känslor som ångest, vrede och skuld blandas in i sorgen. En människa som förlorat en närstående har ofta en känsla av skuld, det kan gälla något aldrig så litet och betydelselöst i andras ögon. Det går inte att vifta bort sådana känslor med att "du har ju gjort allt". Ibland finns det ett verkligt underlag för skuldkänslan, men ofta finns inte det. I och med att vi har frihet att välja hur vi lever har vi också ett ansvar. Att vi har känsla för det som är rätt och fel, det vi gjorde och det vi tycker att vi borde ha gjort, det är ju just det som utmärker oss som människor.

Från *1177.se*

Sjukvårdsrådgivningen blev min bästa vän. Det fanns inget som hjälpte mig mer än de tröstande orden från en läkare vid namn Ulla Söderström från Tavelsjö som skrev råd om sorg på 1177.se. Jag mejlade dem och tackade för att de satte ord på mina känslor.

Det kändes som att alla ord om sorg handlade om just mig. Men min sorg var, och är, inte unik. Sorg kan uppstå av många orsaker. Förlusten av en älskad vän eller familjemedlem, en bruten relation eller efter ett missfall eller en utebliven graviditet. När alla normala resonemang plötsligt sätts ur spel, då får man förlita sig på annat och andra.

Det som var speciellt i vår familj var att barnen inte var lika hårt drabbade av själva förlusten som jag. Allt handlade så mycket om mig, om mitt trauma och min förlust. Jag var så innerligt trött på mig själv till slut, och frustrerad över att det helt enkelt inte gick att vara den jag hade varit tillsammans med barnen innan allt hände. Att jag aldrig skulle bli den personen igen och just då hade jag ingen aning om vem jag skulle bli istället.

Förutom förlusten kom därmed identitetskrisen: vilken förälder skulle jag vara nu? Det som hade varit svårt innan blev ännu svårare.

Men hjälpen fanns där till slut. Ingen kunde ta bort det som hänt, men ett nätverk av vårdpersonal, en underbar psykolog, sorgforum på nätet, böcker, tidningstexter, låttexter, nästan vad som helst, hjälpte mig att orka en dag till, lite till. Aldrig har jag varit lika tacksam över tillgång till information att välja på. Information som la sig som en filt över skakande axlar, dämpade paniken med bekräftelse och igenkänning. Som delade in livet inte bara i antal dagar sen allt hände, utan också i olika faser som fortsatte transportera mig framåt.

På ett obegripligt sätt passerade tiden. Först som i en dimma, och sen med tilltagande klarhet. Men hela familjen påverkades självklart och våra rutiner ser för alltid lite annorlunda ut – eftersom jag är en annan människa nu. Andra tankar, andra prioriteringar och reflektioner, på gott och ont.

En vinterdag, nio månader efter min väns hastiga bortgång, var vi på väg hem från affären där vi hade handlat julmust, bananer och barnmat. När vi närmade oss järnvägsövergången precis utanför vårt hus såg vi blåljusen. En ambulans, en brandbil och flera polisbilar. Två sjukvårdare sprang mot ett stillastående tåg med en bår i handen.

”Har någon blivit sjuk på tåget?” undrade min dotter. Och jag med.

Vi frågade en polis som kom gående med en polishund i koppel. Han svarade att han inte visste vad som hänt. Vi gick hem.

Genom fönstret har vi ändå utsikt som från första parkett. Tåget, fullt med synbart ovetande passagerare stod där, nedanför vårt hus. Timme efter timme. Vi såg hur de ringde med sina mobiler, gick på toaletten, lugnade sina bebisar. Framför tåget stod en grupp poliser och diskuterade, klättrade upp och ner i loket, lyste med ficklampa på en karta. Jag undrade. Och det jag gjorde när jag undrade var, som vanligt, att googla.

> **Stopp i tågtrafik efter olycka**
> Tågtrafiken mellan Sala och Uppsala står för närvarande stilla efter en olycka strax innan järnvägsövergången vid Börjegatan i Uppsala.
> Olyckan inträffade vid 18-tiden. Polis och räddningstjänst är på plats.
>
> *unt.se*, december 2012

Olycka, alltså. Det sa jag inte till dottern. Katastroftankarna som blivit mina trogna följeslagare sen ett par månader drog igång på hög volym. Men jag sa inget.

När sjukvårdarna kom tillbaka efter nästan två timmar, pulsande genom snön med en tom bår drog jag en inre suck av lättnad.

Men sen kom en brandbil. De drog fram en tjock slang och började spola av framsidan av loket.

”Varför sprutar de vatten, brinner tåget?” frågade hon.

Jag kunde inte svara vad jag trodde. Kunde inte ens tänka på att att tåget kunde ha kört på en människa, att det var min absolut första inre bild så fort jag såg det stillastående tåget. Att mina tankar sen en marsdag för två år sen omedelbart kopplade till katastrofer när något utöver det vanliga inträffade.

Det verkar inte ha varit så, det kanske var ett djur eftersom de kom tillbaka med tom bår. Men det kunde ha varit en människa på båren, och vad skulle jag ha sagt då?

Mitt barn hade redan fått tänka oerhört mycket mer på död och förlust än vad jag skulle ha velat. Jag hade redan genomlevt mycket mer död och förlust än jag hade velat.

Och jag ville inte förklara döden på fler sätt just då. Jag stod vid fönstret och höll andan och ville att det bara skulle vara ett växelfel, vad som helst.

”Brinner det mamma?”

”Jag vet inte, jag vet inte vad de gör”, svarade jag.

Tysta tittade vi på tåget en stund till innan vi tog fram godnattsagan och läste.

En liten stund senare rullade tåget långsamt iväg.

I varje ögonblick kan det dölja sig en katastrof. Men i varje tystnad finns det också chans till vila, återhämtning och en chans att måla om världen på nytt. Och visst, vår familj är märkt. Vi har pratat om döden mycket, jag lider av katastroftankar och det händer att min dotter ser oroligt på mig när jag pratar om vänner och säger:

”Men mamma, du ska väl inte bli sådär ledsen nu?”

Men barnen är glada ändå, till min stora lycka. De mår bra, vilket är bästa kvittot på att något fungerade mitt i krisen.

Del tre:
FÖRÄLDRAR OCH FÖRÄLDRAR

Vi och dom

September: terminsstart, nystart. Visst är allt lite extra roligt och fräscht just i början av hösten? Med en skärpa av sval luft i andetagen och en lång varm sommar i ryggen väcker hösten för mig inspiration och en känsla av att nya möjligheter väntar.

Men hösten har fått en till innebörd sen barnen föddes: jag känner mig gammal.

Insikten kryper fram en sensommarkväll på en liten festival i en lada utanför Uppsala när föräldraskapet redan är ett par år gammalt. Bandet som står på scenen består av unga killar – exakt hur unga vet jag inte, men tillräckligt för att utan prestationsångest eller inre stress kunna distansera sig genom att kalla oss i publiken för "trettiplussare".

Insikten om att jag numera är ganska långt från de många dammiga, iskalla och magiska nätter utan slut som jag tillbringat på Roskildefestivalen drabbar mig. Där skulle jag knappast lugnt se mina barn springa fram och dansa barfota en meter från scenen iklädda sina gröna minihörselkåpor.

I vintras fyllde jag 36 år. Jag tyckte länge att jag fortfarande var ungefär likadan som vid 23, den ålder som jag refererade till som perfekt. Tillräckligt vuxen för att inge respekt och ha samlat en del livserfarenhet, tillräckligt ung för att inte behöva känna prestationsångest. Den siffran korrigerades till ungefär 28 när jag fick barn. Och så känner jag mig inuti ganska ofta, med undantag för när livet är tungt, när det händer sorgliga saker eller när jag inte sovit på flera veckor. Då kommer det fram en uppgiven gammal person som tröttnat på allt. (Inget fel med att vara gammal, förstås. Bara en liknelse.)

Om hösten i studentstaden Uppsala ser jag mig själv utifrån i en klar form, genom ögonen på de nyinflyttade studenter som korsar min väg varje dag när jag cyklar till jobbet och sen hem via förskolan. Jag ser vad de ser: en mamma. Med barnsits på pakethållaren och matkassar på styret som stannar till för att prata med andra föräldrar i lekparken. Som är perfekt att fråga om vägen till universitetshuset men som inte förväntas sitta bredvid en på föreläsningen eller dansa omkull en gryningstimme vid Gröna scenen på en dansk slätt, eller på Kalmar nation.

Den personen ser jag ut som numera.

Vuxen, helt enkelt. Andra förväntningar och förutfattade meningar, ålder oviktig.

Och jag, i min tur, ser mig omkring på armar bärande på tunga lass av oöppnad kurslitteratur, alla nyinköpta koftor och baskrar. Studenter som självmedvetet hänger på Sysslomansgatan i föreläsningspauserna, trevande vänskapsband som knyts över svart kaffe med påtår under förevändningen ”plugg”. Mitt liv ser faktiskt inte ut så längre. Hur motvilligt jag än måste erkänna det.

Min examen är redan mer än tio år gammal. Istället för att koncentrera mig på att tänka ut en ny outfit åt mig själv, klär jag under de här åren på mig i förbifarten medan jag letar vinteroveraller och galonvantar. Eller, kanske i ännu högre grad, tänker ut färgglada och roliga outfits åt barnen.

Men någonstans inuti är jag fortfarande 23 ibland. Jag ser studenterna och vet att jag är som dem.

Alla blir vi äldre, trots allt. Och även om jag själv tycker att jag är ung inuti, kanske inte de som är jämngamla med mig, eller yngre, alltid hänger med på det. Alla har inte fått barn och varit bortkopplade några år, de har förändrats på andra plan istället. Det lärde jag mig den ”hårda” vägen, när jag en gång blev bjuden på lägenhetsfest hos en kompis i mina gamla hemkvarter i Stockholm. Med systemetkasse i handen, en liten present i väskan och röda klänningen på kände jag mig fin, glad och förväntansfull. Jag firade två år som förälder och det hade inte blivit många utekvällar sen jag fick barn. Pirret i magen när jag tryckte på den välkända ringklockan på hennes dörr liknade lite det som uppstår i en dejtsituation. Det kändes underbart härligt att äntligen få göra något riktigt välbekant roligt i min gamla hemstad, efter några år i ett nytt och märkligt liv som förälder.

”Välkommen!”

Kompisen öppnade dörren och jag såg direkt att hon (1) var supersnygg och (2) hade högklackade skor på sig. Fint, tänkte jag, men varför har hon högklackat på sig hemma? Själv slet jag av mig mina leriga stövlar och konstaterade att jag hade tagit på mig trasiga strumpbyxor. Igen. Vinflaskan (som jag tänkte dricka själv, inte ge bort till värdinnan) lämnade jag i påsen i hallen. Där stannade den tills jag gick hem igen. För jag insåg snabbt att fest nu tydligen inte var alls som fest förr. Nu var vi vuxna. Vuxna som har inneskor på sig på fest. Nästan alla kvinnliga gäster använde välputsade högklackade eller små loafers och jag vek in mina håliga strumptår mellan tårna (i och för sig kanske inte ett tecken på omognad utan ett personlighetsdrag – fem år och ett till barn senare viker jag fortfarande in strumphål mellan tårna).

Vi var vuxna som inte tog med oss egen dricka till festen, istället stod en välsorterad blandning av spritsorter, drinktillbehör och krossad is i köket. Vi vuxna åt inte en tiokronors cheeseburgare på vägen hem, istället fanns löjromstårta och hemlagade snittar i obegränsad mängd. Vi pratade inte om tentor, arbetsförmedlingen och festivaler utan om jobbet, bostadssituationen och semestern.

Det var inte tråkigt, jag passade in. Det var bara väldigt annorlunda.

Medan jag satt hemma och skakade nappflaskor med bröstmjölksersättning verkade alla andra ha blivit så medvetna, liksom vuxna. Någons pojkvän gick runt och erbjöd Strawberry daiquiri ur en stor kanna till alla som ville ha. Jag tittade mig omkring – är det ingen som betalar, ger något i utbyte? Hade de betalat innan? Tydligen inte, och jag sträckte fram mitt glas.

Vi var vuxna nu, hade råd att bjuda varandra på tilltugg och drinkar. Vi hade blivit de som arrangerar barnfria fester, släpper loss och struntar i hur det ser ut när vi dansar med slipsen runt huvudet klockan fyra på morgonen. Det var väl bara att hänga på och försöka fatta vad det var som hänt de där festfria åren då jag själv förändrades så mycket på andra sätt.

"Hur gammal är du? Har du BARN?" frågade kompisens svågers (unga) flickvän imponerat.

Hemma hos mig finns fortfarande ett helt barskåp med konstiga spritsorter ingen vill se åt. Kanske dags att köpa nya finskor och skriva inbjudningskort? Måste först bara vänja mig vid att jag inte är 23 längre. Ibland känns min ålder mycket svårare att vänja sig vid än att jag numera är förälder.

Jag märker själv att jag blir behandlad annorlunda av en del barnlösa vänner. Jag blir inte bjuden på tillställningar eller tillfrågad om att hänga med på grejer på samma sätt som innan jag fick mina barn. Men jag försöker se det som att vi är på olika ställen i livet och det är klart att relationer förändras. Däremot är det urtrist att en del människor dels tror att jag inte kan slita mig från mina barn (= de bjuder inte mig för jag kommer ju aldrig) eller tror att jag släpar med mina barn överallt och låter dem härja som mjödstinna vikingar i glasbutiker (= de bjuder inte mig för de vill inte bjuda mina barn). Trista fördomar.

Nina, förälder till två barn, 4 och 2 år

Jo, nog är det viss skillnad på att ha barn och inte, även om det kanske känns likadant inuti på en flera sätt. Synen på oss som har barn påverkas självklart – och till viss del med all rätt. Men man *kan* släppa loss och festa fast det finns föräldraskap med i bilden.

Det är sant!

Klyftan som kan uppstå mellan de som inte har barn – än – och de som är föräldrar kan orsaka en del förvirring, missförstånd och irritation. Särskilt vid tillfällen som festen jag berättade om, då skillnaden kan kännas så tydligt att det blir komiskt.

Jag vill ta upp en viktig sak, som spelar roll: det är stor skillnad mellan att inte ha fått barn än och att ha valt bort barn över huvud taget. Jag vill inte raljera över de som gjort helt andra livsval än mig.

För att välja bort barn är något som verkar oerhört provocerande för många, kanske särskilt de som har barn. Att inte vilja bli förälder har länge varit tabubelagt att prata om, och det har inte alls med ålder att göra.

Men något fantastiskt håller på att hända: tystnaden har trots allt börjat brytas under senare tid, då en rad starka berättelser från kvinnor som frivilligt lever utan barn har publicerats i tidningar och böcker. Det har inget att göra med vem jag träffar på fester eller hur de ser på mig. Det har att göra med ett val som alla ska ha rätt att göra utan att bli dömda. Utan skam eller skuld borde vi kunna diskutera alternativet barnfrihet i samhället. Och förhoppningsvis kunna minska ”klyftan” mellan de som valt barn och de som inte gjort det.

Det finns en vanlig fördom kring oss som har barn, särskilt oss mammor: att vi bara vill prata om föräldraskap. Hela tiden. Att vi har slutat ha andra intressen än våra barn. Att vi helst bara sitter och jämför bajsblöjor, inköp av ytterkläder och bästa sättet att förvara öppnade barnmatsburkar. Det är visserligen sant att det är svårt att inte tänka mycket på de här sakerna. Men det finns inget bättre än att sitta ner med en annan människa och prata om sig själv, livet, jobbet drömmar, böcker, musik eller vad det nu kan vara. Att kunna släppa barnen och fokusera på annat. Klyftan mellan de som inte har barn och oss som har det behöver inte vara så stor. Den *är* inte så stor. Det är våra fördomar om varandra som är det.

> Idag är det, åtminstone i medie-ankdammen, helt rätt, lite småfräckt rent av att ”våga vägra barn”.
>
> Alldeles för många mammor finner sig i att bli avfärdade som såväl sexobjekt som högvilt på arbetsmarknaden – trots att det borde vara tvärtom.
>
> För att bli förälder innebär inte att ta bort någonting. Jag är så mycket mer av allting, sen jag fick barn.
>
> Jag skriver bättre, tänker bättre, är bättre i sängen. Det gör jag just tack vare alla mina uppoffringar mina döttrar innebär – inte trots dem.
>
> Visst, jag har mindre tid och kraft. Men det jag skapar, det gör jag med nya djup inom mig, nya strängar i darr.
>
> Jennifer Wegerup i *Wendela*,
> Aftonbladet januari 2014

Citatet från en krönika i Aftonbladet tycker jag är ett bra exempel på hat och fördomar som sprids mot de som har valt bort barn. Det är ett exempel på varför jag kan bli trött på att bli stämplad som *förälder* i första hand. Nej förresten, inte förälder: mamma. Det är bara mammor som får denna duktighetsstämpel som skribenten här tar på sig frivilligt. Vi mammor, vi är bättre i sängen, bättre på allt. Den som väljer bort barn kan inte förstå, kan inte få allt.

Det här är ett utmärkt exempel på hur fördomar också om oss föräldrar, framför allt mammor, sprids. Jag känner inte igen mig. Varken tänker bättre eller är bättre i sängen. Är inte "så mycket mer av allting". Är jag en dålig mamma?

Utan att förminska mitt föräldraskap eller någon annans känsla vill jag säga: allt det här känns fel. Fel på så många sätt. Jag *avskyr* vi och dom-tänket. Uppdelningen av föräldrar och icke-föräldrar i två grupper där den ena ska vara bättre än den andra. Inte minst måste man tänka på konsekvensen för de som vill men inte kan få barn, vad betyder den här uppdelningen för dem? "Jag kan inte få barn – därmed är jag sämre i sängen, mindre av allting och tänker sämre."

Hur blev det så här?

Vi är alla människor med upplevelser som definierar oss. Ibland är det att bli förälder som förändrar allt. Ibland är det något helt annat. Föräldraskap är inte samhällets stora vattendelare!

De som aktivt har valt bort barn har oftast gjort ett övervägande innan beslutet fattats. Och de anledningar som eventuellt finns till en människas val av livsstil ska aldrig ifrågasättas.

> Om alla gjorde som jag skulle människosläktet dö ut. Det vore ohållbart att upphöja min handling till allmän rekommendation. Men om vi i begreppet handling inbegriper akten att fatta övervägda beslut lämpar den sig som dygd eller rent av plikt. Jag vill formulera den så här: Sätt inte

människor till världen utan att först ha funderat på om det är vad du vill och önskar med ditt och andras liv.

Lena Andersson i boken *Ingens mamma*,
bokförlaget Altas, 2013

Vill du inte – låt bli. Enkelt och tydligt.

Jag ville ha barn. Det var inget som hände av en slump (även om vi försökte få det att se ut så). Jag tror inte att ett liv utan barn skulle passat mig.

Men jag kan se framför mig att jag skulle ha kunnat vara personen som inte ville. Som ville ha friheten att ta ansvar för mitt eget liv först och främst, låta helt andra upplevelser och analyser definiera mig och vägen framåt genom livet.

Jag satt och fikade med min vän Lina en dag. Hon är en person som har lyckats hålla sig undan från att läsa för mycket, jämföra sig och tänka på hur hon borde vara. Sådan jag ibland önskar att jag var. (Samtidigt är jag glad över min egen närmast sjukliga nyfikenhet, som har tagit mig långt.)

”Jag tror faktiskt att jag skulle ha varit lika lycklig utan barn”, sa hon och strök över magen där bebis nummer två låg. ”Absolut, jag ville ha barn när vi fick det men det var ingen självklarhet. Vi kommer ha det underbart sen också. Och jag hade kunnat tänka mig ett barnfritt, kringflackande bohemliv.”

Jag tycker om hennes inställning, som säkert gör föräldraskapet lättare att hantera. Det behöver inte vara livets välsignelse. Det är okej att njuta av annat än sina barn och vi måste inte njuta av barnen hela tiden. Där är kanske min nyckel till att kunna slappna av mer i förhållande till mig själv som förälder? Det ständigt dåliga samvetet över att njuta av andra saker än det glorifierade föräldraskapet är lika jobbig som skulden över att inte njuta i föräldraskapet. Jag önskar att jag kunde avskaffa skulden, bara kasta den av mig och se varje stund för vad den är istället. Möta människor utan att frågan *har du barn?* blir avgörande för framtida utbyten.

Att ha ett barn är en sak jag vill med mitt liv. Men inte det enda jag vill.

Förälder vs. förälder

Mellandagströttheten och mättnaden låg tung över de som drog runt kundvagnarna på ICA i Åkersberga centrum några dagar efter jul. Golvet kleggigt av indragen slask, barn skrek efter klubbor och lutfisken reades ut. Vi var på besök i kranskommunen där jag växte upp och som jag flydde från så snabbt Roslagsbanan kunde ta mig direkt efter studenten. Vi stod i en kassakö med marmelad, ost, påssallad, mjölk och bröd i korgen medan vårt barn sprang i accelererande fart fram och tillbaka mellan serietidningshyllan och askarna med halstabletter. Framför oss i kön stod en tjej, med bebis på armen, tillsammans med en kille i grå duffel som betalade med kort. De köpte bröd, juice och bröstmjölksersättning på tetra. Tjejen vände sig om och jag kände igen henne direkt. I högstadiet var hon den snyggaste tjejen på orten – mytomspunnet vacker, högsta betyg i allt och ouppnåelig för de flesta tjejer och killar som trånade eller som ville vara kompis. Hon gick inte i min skola men ryktet om henne fanns överallt. En sådan människa som jag knappt vågade titta på. Märkligt – för nu spelade inget av det någon roll, vi stod i kassan på Ica och hon köpte tetror med mjölkersättning och var fortfarande vacker men ändå helt vanlig.

Vad var det som skapade de stora klyftorna mellan oss när vi gick i skolan? Varför var vissa på en nivå och andra på en annan? Och vad ska vi göra av det nu? I teorin skulle det kunna hända att jag och den här tjejen blir klassföräldrar tillsammans och därmed tvungna att komma överens, kanske prata om det som varit. Tanken gav en svag känsla av panik, som ett rop från ett förflutet i nerklottrade korridorer under ångestfyllda högstadieår. ”Tur att jag inte bor här längre”, ropade mitt inre tonårsjag trotsigt, slängde ner maten i en plastkasse med en tomte på och gick hem till mamma och pappa.

Som förälder måste jag lära mig hantera en mängd nya människor och situationer – om jag har otur kan det vara människor jag tidigare hade gjort allt för att undvika. Tvärtemot mina farhågor tycker jag inte alls det är särskilt jobbigt att hantera andras barn – men alla de där andra föräldrarna hade jag inte tänkt på. Personer som jag aldrig kommer i kontakt med annars som vuxen, och kanske inte delar en enda värdering eller har något som helst gemensamt med. Förutom att vi alla har barn.

Personer som jag annars skulle ha undvikit till varje pris kan jag nu behöva bjuda på russinpaket, komma överens om en present till någon pedagog med, eller diskutera sandspadars kvalitet med. Ofta är det en positiv överraskning. Men ibland inte. Ibland kommer jag hem från en tur till parken och känner mig tilltryckt och utvärderad för att jag inte har en snygg skaljacka, eller varit tvungen att se min son bli knuffad hårt av ett annat barn utan att någon förälder grep in, bara för att sen få höra att jag gör ”fel”.

Som en jobbig dag i högstadiet ungefär.

Jag kan inte komma på några andra situationer där en vuxen människa tvingas umgås på fritiden med de gamla mobbarna från högstadiet. Med tjejerna som fnissade åt ens kläder, alla de som valde bort en under gymnastikens laguppdelning eller med killen som suckade för att man inte redan i nian hade läst Kafkas *Processen*. Inte förrän vi står där på förskolans gemensamma städdag och ska försöka komma på hur man bäst krattar upp små, små indianpärlor ur gruset. Då ska jag komma överens med dem. Och inte bara det. Jag ska gilla deras barn också. Och smidigt försöka undvika konversationer som handlar om värderingar.

Senare kommer deras barn att leka hemma hos oss, vi kommer att stå vid sidan av fotbollsplanen och diskutera med dem och vi kommer att skåla tillsammans på skolornas mingelkvällar för föräldrar.

Jag måste lära mig att bita ihop.

Det kommer inte att upphöra förrän barnen flyttat hemifrån, och sen dröjer det väl inte länge förrän jag måste konfronteras igen. På äldreboendet går det kanske inte heller att alltid välja bordsgranne själv, menar jag.

> Det är ju en isbrytare med barn och rätt kul att träffa andra föräldrar och dryfta ämnen som är gemensamma. Men sen tröttnar man lite på att diskutera sömn, hur de äter, hur långt de kan krypa etc. Med andra barnet tyckte jag att det var rätt trist med de här samtalen som sällan rörde något annat än våra barn, men med första tyckte jag att det var ett bra stöd.
>
> Alexander, förälder till två barn, 3 och 4 år gamla

Egentligen börjar väl det här med att hantera andra föräldrar redan under graviditeten. När vi sitter på föräldrautbildningen och ska utbyta tankar kring det kommande föräldraskapet.

Autentiska citat från min föräldrautbildning anno 2007:

”Jag hoppas mitt barn kommer bli friskt.”

”Jag hoppas att jag och min partner kan hålla vår relation vid liv.”

"Jag hoppas att förlossningen går smidigt."
"Det enda viktiga är att ungen gillar AIK."

Vi har alla prioriteringar kring vad som är viktigt här i livet. Självklart får alla tycka vad de vill. Problemen kommer när vi är tvungna att lyssna på varandra så mycket, kanske till och med sitta och fika tillsammans och prata om intima saker. Senare ska vi kanske komma överens om playdates och aktiviteter. Och jag förväntas nicka förstående, eller åtminstone le lite åt att det är möjligt att älska sitt fotbollslag så mycket. Till slut kommer vi till en punkt då jag måste förklara varför jag inte tycker att det är viktigt alls, att jag faktiskt är helt ointresserad av fotboll och inte förstår mig på det. Vilket i sin tur antagligen skulle vara himla jobbigt och obekvämt för den där sportintresserade föräldern.

12 saker vi stör oss på hos andra föräldrar

1. Föräldrar som skryter över sina barns snabba utveckling …
2. … eller kommentarer som antyder att ens eget barn är sent i utvecklingen.
3. När ett barn beter sig illa, men föräldrarna låtsas som det regnar.
4. Föräldrar som inte kan prata om något annat än sina barn. Någonsin.
5. Föräldrar som tror att deras barn är normen. "Men Stina har alltid sovit mellan 19.00 och 07.00, menar du att ditt barn inte gör det?"
6. När de ifrågasätter andras val, som att, till exempel, inte amma.
7. När föräldrar klär barnen i kläder som inte lämpar sig för parklek och sen sitter på en bänk och ropar åt barnen att inte smutsa ner sig.

8. När de är överbeskyddande …
9. … eller överdrivet curlande …
10. … eller skämmer bort barnen hämningslöst.
11. Föräldrar som är inkonsekventa i sin barnuppfostran.
12. Föräldrar som pratar bebisspråk med barnen – trots att de inte är bebisar längre.

Mama.se, oktober 2013

I ljuset av att vi annars väljer vilka vi umgås med i livet kanske det inte är konstigt att vi ganska snabbt börjar störa oss på andra föräldrar?

Men därmed inte sagt att vi inte ska försöka bemöta varandra med respekt. Det är en svår övning i tålamod att försöka hantera vissa situationer.

Det är väl okej att föräldrar trodde att hon var en kille, men mer irriterande är hur de alltid skulle poängtera kön för sina barn. "Nej, nu är det den killens tur att gunga", "Det var killen som hade bollen först" etc. Varpå jag sa: "Kom Lydia så går vi." Detta är nummer ett på det som stör mig bland andra föräldrar.

Alexander, pappa till två barn, 3 och 4 år

Kan bli knäpp ibland på en del föräldrar som vi förväntas umgås med bara för att våra barn leker. De är väl ett fåtal i och för sig, de allra flesta vi träffat genom barnen har varit fantastiskt trevliga. Men så finns det de där, oftast är de "supermammor och superpappor" och lyckas alltid ge mig dåligt samvete på något sätt.

Emma, förälder till tre barn, 1, 4 och 6 år

Superföräldrar. De som kör hårt med jämförelsehets, som jag alltid känner mig lite sämre än. Det är alltid lika svårt att inte ta åt sig av dolda pikar kring hur saker borde vara. Jag önskar att jag var bättre, mer stark, mer säker på min sak. I vissa stunder är jag också det, kan rycka på axlarna och köra på. Andra gånger blir jag defensiv och beter mig likadant själv.

Men förutom superföräldrarna och de som på riktigt är knäppa (vilket är väldigt få) finns också mängder av föräldrar som bara är väldigt annorlunda än en själv. Det är inte heller alltid lätt att hantera.

Jag måste hitta en taktik, ett sätt att förhålla mig till de andra så att vi kan finnas till och vara så bra föräldrar som vi kan, fast olika. Jag kan bara ändra på mig själv och började där en dag när jag kände mig stark nog: pratade med föräldrar jag mötte i parken, på skolgården och vid barninlämningen på Ikea. Försökte förstå hur de tänkte. Försökte vara mig själv på gott och ont. Gott: när jag en dag utanför förskolan ”erkände” att jag drömmer om att kunna hämta barnen ännu senare och det genast kom igenkännande nickar och leenden. Ont: när jag en eftermiddag efter simskolan skämtade med en annan förälder om hur våra barn envist fortsatte leka och inte låtsades höra de allt mer irriterade tillsägelserna. Jag fick inte det förväntade samhörighets-skrattet till svar utan en undrande, nästan skrämd blick av mamman som bokstavligt talat slet upp sitt barn och hastigt gick därifrån.

Det är helt omöjligt att komma överens med alla. För det finns inget rätt, allt beror på person. Det finns minor överallt. De som ogillar en gör det *verkligen*. Med de man kommer överens kan livslånga vänskapsband knytas – så avgörande kan ens förhållande till föräldraskap och andra föräldrar faktiskt vara. Några av mina absolut bästa vänner har tillkommit genom barnen. Vänner som ställer upp, förstår, vill diskutera, debattera, skratta och gråta. Som står och fryser med mig på busshållplatsen, som tar med mina barn på roligheter och vars barn leker vilda lekar hemma hos mig. Som har sett mig när det varit som ljusast och som mörkast och som vet vad allting handlar om. Vänner som jag aldrig annars skulle ha träffat och som jag aldrig skulle vilja vara utan.

Jämförelsehets

Helt galet vad det ska tävlas. Jag träffade några mammor och andra gången så satt de och jämförde på grammet hur mycket de går ner i vikt efter graviditeten. Där satt jag och drack kaffe latte och åt kanelbulle.

Linda, förälder till ett barn på 2 år

Scen 1: Fiket.
"Oj, här kommer hon ju! Vi bestämde oss för att hålla henne hemma idag för hon var lite snorig."

Jag och en kompis sitter på kvartersfiket och umgås en vanlig torsdagsförmiddag. Jag jobbar hemma, hon är sjukskriven under slutet av sin andra graviditet. Och det är hennes dotter, jämnårig med min, som skuttar in på kaféet för att tigga till sig muffins eller smoothie, vilket som går bra. Dottern är superpigg och definitivt det minst snoriga barn jag sett den dagen – mina egna har jag precis skickat till förskolan med rinnande näsor utan att fundera mer över det, tills nu.

För nu kommer skuldkänslorna. Är hennes barn som är mycket mindre snorigt hemma idag, kanske mina också borde? Hur kunde jag så hårdhjärtat lämna bort dem när de kanske behövde vila?

"Hon verkar må bättre nu", säger min kompis.

Jag får en klump i magen. Skuldkänslorna växer när vi sagt hejdå och jag cyklat till kontoret. Framåt eftermiddagen, efter några timmars jobb för att skingra tankarna, vill jag nästan ringa förskolan och fråga hur barnen mår, men avstår.

”Agera inte på din ångest”, sa psykologen till mig nyligen. Jag tog honom på orden vilket gjort livet lite mer lätthanterligt. Bestämmer mig för att det här är ett fall av någon sorts föräldraångest och bloggar istället.

> Normalt har man väl en viss distans, men jag har märkt att när det gäller föräldraskap saknas den lite. I alla fall för mig. Jag saknar det där "filtret" som gör att jag kan ta saker med en nypa salt och se att mitt sätt, det duger lika bra. Istället är det ett evigt jämförande. Jag får dåligt samvete för att jag inte köpt overaller till båda barnen än. Jag känner att jag nog borde ha låtit barnen vara hemma från förskolan idag eftersom någon annan, med ett barn mycket mindre snorigt än mina vabbar. Jag får känslan av att inte räcka till. Och så vidare.
>
> Min egen blogg, november 2013

Trycker på ”publicera”. Någon timme senare trillar det in ett sms. Från min kompis som jag fikade med tidigare:

> Hi hi, läste din blogg och gissar att du syftade på mig :)
> Hon fick vara hemma för att vi inte orkade eller vill ta oss ut i regnet utan bil så motivet var helt och hållet egoistiskt!
> Hon skulle säkert haft roligare på skolan! Kram

Touché.

Min kompis kände sig dum för att hon hade dottern hemma av ”fel” anledning och hittade på en förkylning. Jag kände mig dum för att jag inte hade mina barn hemma för att jag trodde hon hade en annan anledning.

Hur rörigt kan det bli?

Varför kan jag inte bara sluta jämföra mig och tro att jag fattade rätt beslut istället?

”Vi är båda bra precis som vi är”, säger min vän till mig när vi ses igen senare på dagen, den här gången för att döttrarna ska leka med varandra (de är ju helt friska båda två, så det finns inga hinder ...). ”Du ska sluta fundera så mycket.”

Ja. Det ska jag. Borde jag. Men hur? Om jag inte tänker på hur andra är mot mig, tänker jag istället alldeles för mycket på hur jag är mot dem.

Jämförandet fortsätter och fortsätter och fortsätter, genom småbarnsår och förskolor till skolor och säkert också högre upp i åldrarna. Jag vet inte vad som är jobbigast, att vara den som jämför eller den som känner sig jämförd. Jag har definitivt varit i båda positionerna och ingen av dem mår jag speciellt bra av. Gör någon det?

Scen 2: Metoderna

”Vi kör lite sådär attachment parenting, om du vet vad det är?”

Jag och en annan förälder går omkring i en matbutik för att köpa frukt, kakor, vindruvor och snygga partydekorationer. Det är sista fixet inför möhippan som vi planerat i månader för vår gemensamma vän och snart ska vi på spa. Under shoppingturen diskuterar vi amning, flaskmatning, läggningsrutiner, barnvagnar och allt sådant som alltid kommer upp när småbarnsföräldrar möts, innan det är okej att börja prata om annat. Hon förklarar då för mig hur hon och partnern tänker när det gäller sonens läggningsrutiner. Jag nickar och blir inom mig irriterad på mig själv för att jag inte bara kan acceptera faktum, nämligen precis det hon säger: de kör lite attachment parenting. Istället blir min reaktion följande, men det säger jag inte:

- Tror hon verkligen inte att jag vet vad attachment parenting är?
- Varför måste alla rutiner ha en namnstämpel för att kunna rättfärdigas? (Det gäller egentligen knappast min kompis, som är ovanligt bra på att agera efter sin intuition och strunta i andra.)
- Varför måste vi över huvud taget rättfärdiga våra rutiner för varandra?

Jag är helt insnärjd i mina föreställningar om vad vårt samtal egentligen betyder, så mycket att jag glömmer vad vi faktiskt pratar om. För nu är jag i gång med att tänka på huruvida jag själv kör attachment parenting, om jag borde ändra något vid barnens läggningar eftersom vi gör helt annorlunda, om jag borde förklara något mer. Och, förstås, om jag har gjort något fel mot mina barn. Och, som alltid: är jag en dålig förälder?

Man kan ju undra vad min kompis tror att jag tänker. För till henne säger jag: "Jaha, ja det vet jag."

Hon nickar. Hon frågar inte hur vi gör. Sen köper vi våra vindruvor och går till spat.

Varför måste jag hela tiden värdera mina egna val när jag hör andras?

> Vi jämför inte oss vuxna på samma sätt. Men när det gäller barn tar vi oss rätten att jämföra helt hejdlöst. Antagligen handlar det om att barnen är en förlängning av föräldern själv och då tänker många att "om mitt barn är bra – då är jag bra". Ett sådant tankesätt skapar stress och många hamnar i försvarsställning.
>
> Barnmorskan Britta Wernolf i *Aftonbladet*, februari 2012

Scen 3: Dansföreställningen

Dottern går på dans och vi är inne på fjärde terminen. Dansskolan är lagom cool, inte så värst många barn i prinsessdräkter och tyll, utan mer *Fame* med benvärmare, trikåer och hip hop. Varje måndag går vi ner i den ljust målade källarlokalen med gratis wifi och billig kaffe latte till föräldrar. Barnen försvinner in i stängda salar från vilka hörs dova basrytmer. Föräldrarna är indelade i två läger: å ena sidan de som har med sig småsyskon och gurkstavar i plastburkar och som pratar om husköp och renovering, å andra sidan vi som sitter med jobbdatorer och skrynkliga jobbkläder i något hörn, ringer samtal och försöker göra klart det sista för dagen. Lägren möts sällan, utom genom e-post där vi diskuterar gruppansvar vid den stora dansföreställningen. För andra halvan av terminen ägnas uteslutande åt den kommande showen, då dansskolan siktar högt och hyr in sig på stora scenen i konserthuset.

Vad de ska göra under showen är en väl bevarad hemlighet, tills en dag, då BREVET kommer. Brevet med instruktioner om vad barnen ska ha på sig. Det här året är det sagodräkter som gäller, grönsaker i dotterns grupp och vi får stränga order som påminner mig om den numera nerlagda tv-serien *Desperate housewives* och små barn utklädda till dockor. Så stränga order att jag på allvar funderar över hur många nätter jag måste sitta uppe med symaskinen. Tills jag kommer på att symaskinen inte har fungerat på flera år, och de kommande nätterna förvandlas till veckor i min hjärna. För att jag måste sy står bortom all tvekan när min flicka glatt förklarar att hon ska vara utklädd till sallad.

Sallad!

Förstås är det inte så farligt till sist. Jag köper tyll, tråcklar ihop kjolen på en halv kväll. Köper ett linne och ett hårband, gröna tights.

(Något att reflektera över: utan diskussion blev det beslutat att det var jag och inte min man som skulle sy dräkten.)

Alltihop störde mig. Är det verkligen barnen som behöver de här dräkterna? När de var mindre dög vanliga danskläder på föreställningen, som ger varje grupp ungefär fyra minuter på scenen. Nu när de är större ska det presteras. Vilket märks på själva föreställningsdagen då det stora samtalsämnet är hur många timmar som lagts ner vid sybordet och exakt hur mycket ens barn älskar dräkten. En förälder kommer fram till mig, tittar enbart på mig men nyper och drar i mitt barn och hennes dräkt.

”Jag ser att hon har velat ha en likadan dräkt som min dotter! Jag förstod nästan att min flicka skulle inspirera de andra!”

Jag blir arg på mig själv för att jag är provocerad. Jag vill säga att jag inte alls spanat in hennes barns gröna sidenklänning, att jag designat min dotters lilla tyllkjol själv, att jag själv kommit på att knyta tylltrasor runt hennes handleder. Jag vet inte hur jag lyckas svälja orden.

Vad är det med mig? För vem har jag sytt dräkten egentligen? För att visa mig själv som duktiga föräldern eller för att min dotter ska bli glad? Vad spelar det för roll om någon annan tror att jag sneglat lite på dem? Svaret känns inte självklart, vilket är oroande.

Jag har drabbats av jämförelsehetsens förbannelse. Det känns i princip omöjligt att inte dras med då och då. Särskilt inom vissa områden. Engagemanget i barnens aktiviteter är ett klassiskt jämförelseområde och min lättnad är stor när min dotter nästa termin hellre vill gå på konstkurs – där får inte föräldrarna lägga sig i.

Det finns inget rätt eller fel inom föräldraskapets många detaljer, ändå är det som att det finns ett ”facit” som aldrig stämmer överens med hur man själv gör – oavsett hur man gör.

Jag vinner. Födde båda barnen på fyra timmar blankt, utan smärtlindring och gick inte sönder någonting! Haha. Pilutta er! Eller fan ... Lyckades ju inte amma någon av dem. Förmodligen hade båda dött innan sex månader om inte ersättning funnits, så det jämnar kanske ut sig. Skojar bara. Föräldraskap är helt omöjligt att vinna i. Att folk inte fattar det!

Petra, förälder till två barn, 3 och 6 år

Varför ställer vi så stora krav på varandra, jämför oss och dömer, trots att det är allmänt känt att det kan vara svinjobbigt att få barn och att vara förälder?

När barnen kommer verkar människor på något vis ha förlorat förmågan att vara taktfulla, plötsligt kan vilt främmande personer komma fram till mig och säga vad de tycker om hur jag beter mig som gravid, eller hur barnen är klädda, eller varför de gråter eller vad de äter och när. Eller kanske till och med varför jag själv gråter.

Min teori är att vi är osäkra på oss själva. Om en människa har kämpat, ibland omänskligt hårt, och vill att det ska vara värt ansträngningen, måste den personen intala både sig själv och andra det. Jag jämför mig väldigt mycket för att jag oroar mig för att mina barn inte ska få de allra bästa förutsättningarna eller utvecklas i ”normal” takt. Förskola, aktiviteter, när de börjar gå, läsa, cykla, leka med kompisar... En fin dräkt på dansföreställningen kanske är mycket mer viktig än jag kan förstå? Tanken stressar och leder till fler jämförelser.

Vad är det för obehagliga människor som jämför, utvärderar och skryter om sina egna barn, undrar du säkert. Borde man inte som vuxen människa bara njuta av sin bebis, vara lagom nyfiken på andras och inse att barn utvecklar olika färdigheter i olika takt?

Jo det borde man ju verkligen. Själv började jag jämföra ungefär en timme efter förlossningen. Bredvid oss på uppvakningsavdelningen fanns en liten bebis som fick tag i bröstvårtan omedelbart. Vår dotter lyckades sämre och jag märkte hur irriterad jag blev på det där amningsfenomenet till bebis på andra sidan skynket.

Manne Forssberg i boken *Pappalogi*,
Bonnier fakta 2013

Saker som jag tycker är bäst är inte bäst för alla. Sådant som är normalt för en kan vara jättekonstigt för någon annan. Jag vinner egentligen heller inget på att jämföra mig eftersom jag vet så lite om andras liv. Jag får därför fråga mig själv för vems skull jag jämför mig?

På den frågan finns flera svar.

Ett är att jag ofta gör det för att jag själv ska känna mig duktig. Och det är väl på sitt sätt viktigt. Men hur viktigt det är för barnen, känns ganska tveksamt. Ändå gör jag det, jag känner att jag måste. Att vara förälder handlar ju inte bara om barnen, det handlar om mig själv också och om jag behöver känna mig duktig så – okej då!

Men det finns ett annat svar också, som är kopplat till det faktum att vi föräldrar definitivt kommer att fortsätta jämföra oss med varandra. Så länge det finns normer och normalkurvor och flera vägar att gå kommer vi att göra det, med andra ord för alltid. Vi gör det för att vi helt enkelt vill det bästa för våra barn. Föräldraskapet är så viktigt att allt annat är omöjligt. Ur den synvinkeln är det kanske inte heller så farligt att jämföra sig. Men vi kanske skulle tänka till lite extra innan vi säger det till varandra?

Oskrivna regler

På kvällen skulle hon ha sommarfest på förskolan. De har hållit på och tränat och övat i veckor, det var en stor kväll. Alla barnen sjöng sommarsånger och sen var det tårtkalas på gården. Jag tyckte att dagen verkligen hade tagit sig tills jag såg hur precis varenda familj tog fram filtar, idylliska picknickkorgar, termosar och festisar. Jag blev kall som is – vi hade helt glömt picknicken. Borden dignade av tårtor men vi hade inte ens med tallrikar att äta dem på. Stackars vårt barn, och tur att hon inte var äldre för då hade hon tyckt att det var så himla pinsamt. Hon hann skrika "jag vill OCKSÅ sitta på en filt!!!" innan vi fick lite saft och papperstallrikar av en snäll familj, och sitta på filten hos en annan. Åh, den här föräldrakompetensen, när ska den sätta sig? Jag vill inte sticka ut och vara besvärlig på förskolan, jag vill vara en förälder som alla andra så att vår dotter känner sig lugn. Det här var egentligen ingen stor grej men just då kändes det verkligen så. Nästa år blir det picknickrevansch.

Min egen blogg, juni 2009

Den gången var dottern två år och vi var nybörjare. Till förskolans fester måste man ha med sig saker, det är ju så det *är* bara. Man skulle ju tro att vi lärde oss att kolla upp allt efter det.

Men nej.

Tre år senare. Det är oktobersöndag, dagens första gäster har just börjat anlända till leklandet och vi sitter nu på helspänn i bilen på den jättelika parkeringen utanför i väntan på att stället ska öppna. Det går inte att ta sig dit med buss – på äkta amerikanskt vis måste barnen transporteras med bil till ett område utanför stan.

”Är du beredd nu?”

”Ja, kom nu då kom då kom då kom då!”

Sexåringen ska ha kalas idag, i leklandets piratrum med elva kompisar.

Elva. Tror vi, lyckligt ovetande.

Vi tror även att vi är i god tid till kalaset, som ska börja om 20 minuter. Precis lagom tid för att ta emot alla, tänker vi. Lyckligt ovetande.

Sex år som förälder. Sex år att träna på att bli proffs på kalas. Men jag har lärt mig noll. När vi kliver in på leklandet är alla redan där. Flera föräldrar har lämnat sina barn och gått, fast vi inte är på plats.

Vi har gjort det oförlåtliga: skrivit fel tid på inbjudningskortet och kommer själva en halvtimme för sent.

Jag försöker hålla god min, nickar ursäktande hitåt och ditåt, tvingas snabbt gripa in och avbryta ett slagsmål och sen trösta en pojke som ligger och gråter i en fåtölj avsedd för väntande föräldrar som i lugn och ro ska sitta utanför barnens kalas och fika. Jag har själv suttit där vid andra tillfällen. Men på vårt barns kalas blir det inte så.

Nästa sak som händer är att jag skymtar två barn som jag vet inte är bjudna på kalaset i vimlet. Storasystern som är jämnårig med vår har slutat och går inte på samma förskola längre och lillebrodern är ... ja, mycket yngre.

”Vad konstigt, ska de också på kalas här”, tänker jag först.

Sen kommer pappan och lämnar över lillebrodern, en lapp med ett mobilnummer och en present.

”Här är han, nu går vi andra och gör något ROLIGT”.

Flickan ser gråtfärdig ut. Och jag stirrar på hennes lilla lillebror medan jag känner hur blodet börjar rinna från tumnageln som jag håller på att pilla sönder av stress. Bitarna rasslar på plats i huvudet. Tankar på adresslistor, efternamn, skickade sms och samtal med andra far genom huvudet och snabbt inser jag att jag bjudit fel barn på kalaset. Jag har använt en gammal adresslista och trott att en av mitt barns bästa vänner har ett annat efternamn. Istället står den här söta pojken, med samma förnamn som ett annat barn, här. Och hans storasyster som är jätteledsen för att hon inte är bjuden av sin kompis från den förra förskolan.

Jag har gjort det oförlåtliga.

Jag har bjudit fel barn.

Den ultimata kränkningen av kalashedern och jag vill bara krypa in i ett hörn, gråta och somna från alltihop och vakna till kvällen när allt är över.

Vi lyckas släta över. Rusar till kalasreceptionen (tack gud för kalasreceptioner som ordnar allt!), säger till om extra barn, sätter på ett leende och förklarar, jag med en hög servetter tryckta mot tummen, att självklart är båda barnen bjudna, vill de inte stanna båda två. Flickan börjar le, kalaset är igång.

Någonstans i hysterin dyker också ”rätt” barn upp, honom jag trodde att jag hade bjudit egentligen och vars mamma jag som tur var hade pratat med. Det enda tecknet på att allt inte är som vi tänkt är att det är otroligt många barn där och att vi är sena. Flera andra föräldrar ler förstående mot mig.

”Oj oj, som det kan bli”, säger någon.

”En gång bjöd jag storebrodern istället”, säger en annan.

”Ingen kommer att komma ihåg det ens i kväll”, säger en tredje.

Men det känns ändå helt fruktansvärt. Jag vill lägga mig på golvet och gråta. Mest för att jag känner att jag på något vis hade kunnat förhindra kaoset genom att vara mer samlad, ha mer kontroll, veta vad som skulle kunna hända. Genom att vara uppstyrd, vara en sådan förälder som jag inte kan bli, för jag är inte en sådan person. Det var jag som bokade tid och skrev inbjudningskorten. Det var jag som tänkte att ”äh, det går bra med den här gamla adresslistan”. Det var jag som tänkte ”vilken konstig adress, men det kanske är hem till pappan”. Det var jag som inte tänkte på att den jag skulle bjuda egentligen hade ett helt annat efternamn som jag verkligen känner till. Det var jag som inte tänkte mer utan gick till brevlådan. Och sen kom konsekvenserna.

Det finns hundratals oskrivna regler när det gäller föräldraskap. En av de som ligger i topp måste vara att inte göra andra föräldrar upprörda genom att på något sätt behandla deras barn orättvist. Kanske därför det här var så jobbigt? Eller för att det är lika hårt att inse att man inte är perfekt varje gång det händer.

Men när det gäller oskrivna regler: vilken snårskog de är, och helt omöjliga att identifiera, än mindre följa. ”Övning ger färdighet” är vad som gäller. Eller nerver av stål och världens bästa självförtroende. Då kanske känslan av att vara anklagad inte kommer varje gång något görs ”fel”.

Ett exempel:

Vi har alla varit där. Första gången i en lekpark med vårt eget barn. Alla underförstådda regler som cirkulerar i form av turordning, delning av leksaker, företräde i klätterställningar och annat. Det tog mig två barn innan jag hängde med någorlunda (men helt bekväm i lekparken känner jag mig aldrig).

”Jag känner mig inte hemma i parken. Jag är en sådan rookie, hur gör man egentligen?!”, utbrast min kära vän P när hon hade varit med sin dotter i den lyxutrustade lekparken i stadsparken en tidig kväll, för första gången sen dottern blev stor nog att ta sig omkring själv. Hon berättade att andra barn och föräldrar hade varit oväntat översvallande mot henne, inkluderat dottern i leken och sen hade alla försvunnit som genom ett trollslag när klockan närmade sig halv sex och hon plötsligt befann sig nästan ensam kvar och kände sig som en dålig förälder på ett oförklarligt vis.

Så för alla parknybörjares skull har jag tagit på mig att formulera lekparkens tio oskrivna budord, som jag har uppfattat dem. Så slipper ni som läser öva i fem år för att göra rätt. Klipp ut och spara i plånboken tills det är dags.

1. Du ska inte gunga ditt barn längre än några minuter innan nästa barn bör få sin tur. Alternativt erbjud barnet att gunga med ditt barn. Då kan det hända att de går därifrån.
2. Du ska ta med dig egna sandleksaker till ditt barn och de ska vara märkta med namn. Ibland ligger kvarglömda leksaker i sandlådan, vilket inte är en garanti för att ditt barn får använda dem.
3. Du ska ha ordentliga skor. Alltså du själv, inte bara barnet. Att komma till parken i vita Converse eller mockaskor kommer att leda till undrande blickar från andra föräldrar, som självklart visar sig ha förutsett eftermiddagens regnskur redan när de lämnade barnen på förskolan i strålande sol samma morgon och tagit med sig stövlar i en påse.
4. Du ska ha en skaljacka, och det ska dina barn också. Innan jag fick barn visste jag inte vad en skaljacka var. För alla rookies: det är en jacka i praktiskt vindtätt tyg som sätts på utanpå en tröja. Gärna en fleecetröja. Gärna dyrt märke.
5. Du ska ha med dig bananer alternativt äppelklyftor i en burk till ditt barn. Sockrade kakor eller chips orsakar konstiga blickar, se punkt tre om skor.

6. Du ska inte kolla i mobilen. Om du ändå vill göra det, var diskret eller säg högt ”jag ska bara kolla i mobilen vad vi bestämde” så att ingen misstänker att du spelar Wordfeud eller kollar Facebook. Att fota med mobilen är ok, men bara ditt eget barn.
7. Du ska gå hem i tid. Klockan fem är det middag. Klockan sex är sent. Klockan sju är parken till för tonåringar som ska hångla i lekstugorna och tjuvröka i den stora gungan med plats för flera.
8. Det finns däremot ingen tid på morgonen som är för tidig för parklek. Tvärtom – ju tidigare du är på plats, desto bättre. Då kan du nicka till de andra hålögda föräldrarna med sina termosmuggar och känna att ja, vi lyssnar i alla fall på vad våra barn vill.
9. Du måste förstå vilka som är pojkar och flickor. Och om någon tror att ditt barn är pojke/flicka måste du acceptera deras stammande ursäkt om de sagt ”fel”. (Denna regel är extra viktig att utmana, tycker jag. Inte desto mindre finns den.)
10. En regel för eliten: Du ska lägga andra barns namn på minnet. Nästan varje gång jag kommer till en park är det minst två eller tre vuxna med helt obekanta ansikten och för mig obekanta barn som känner igen mina barn, och ibland mig och vet vad de heter.

Oj oj oj, alla dessa minor. Hur överlever vi parkbesöken egentligen? Hur klarar vi alls av att vara föräldrar i grupp med andra föräldrar och barn? I varje vald situation med dina barn finns listor på lika många regler som de här. Bara att se och lära.

Är de oskrivna reglerna något att bry sig om, eller inte? Jag har tyvärr brytt mig ganska mycket, vilket har bidragit till en känsla av att inte räcka till. För hur skulle man kunna hålla reda på allt?

Klädmärken och hämtningstider och matsäckens utformning och vinterskor och aktiviteter på en ledig helg. För allt finns en oskriven liten regelbok för barnfamiljer som jag inte kunnat låta bli att snegla på. Fast jag inte vill. Förresten kan en person som inte sneglar råka illa ut, jag har fortfarande kalaset i färskt minne.

”Jag får dåligt samvete för att jag inte gör allt det där som alla andra gör. Jag borde titta mer på andra”, säger min vän P, lekparksrookien, som inte är ett fan av vare sig föräldraforum på nätet, öppna förskolor, föräldratidningar eller böcker skrivna av ”experter”.

Fast jag tror att hon ändå följer oskrivna regler. De finns överallt i samhället och vi anpassar oss till största delen helt utan att reflektera över det. Oskrivna regler är vad en stor del av livet för föräldrar består av. Hur dagen på förskolan ser ut, vad de ska ha med sig dit, vad vi gör med dem efteråt, hur de tar sig till skolan, aktiviteter, lov. Kring allt finns det en norm. Kanske är det enda sättet att klara av att existera i ett samhälle? Normerna och de oskrivna reglerna finns i alla sammanhang. Det är bara *så många* som en förälder måste lära sig, och så snabbt. Inte konstigt att man kan känna sig som ny i klassen under en ganska lång tid.

Och ny i klassen kan vara väldigt jobbigt. För en förälder ska vara lagom. Ha koll på allt, men inte stenkoll. Tycka det är lite jobbigt, men inte för jobbigt. Engagera sig i barnens aktiviteter, men inte för mycket. Sova dåligt på nätterna, men inte för dåligt.

De oskrivna reglerna kan vara komiska, konstiga, och självklart inte viktiga för precis alla. Men de kan vara fruktansvärt jobbiga också, särskilt vid tillfällen när man känner sig vilsen. Min egen förlossning, andra gången, är ett bra exempel.

Regeln ser alltså ut som följer: man ska ha haft en jobbig förlossning, men inte för jobbig. Ibland känns det som att en gravid inte kan få höra tillräckligt många skräckhistorier om allt hemskt som har hänt andra, men som de ändå stått ut med. För så ska det vara. Man kan bli förlossningsrädd för mindre.

Men det blev jag inte, innan.

Efteråt däremot, efter min första förlossning, då var jag rädd. Fruktansvärt, obarmhärtigt rädd. Så rädd att när andra gången det skulle bli ett barn, slog paniken till så fort stickan visade plus. Jag var mycket räddare än alla andra runt mig som skulle få sitt andra barn, så rädd att jag inte kunde leva normalt. Kunde knappt tänka på och allra minst glädjas åt det kommande barnet. Otaliga besök hos psykologer, barnmorskor, specialenheter och läkare senare kom ”domen”: kejsarsnitt av ”humanitära skäl”. Jag skulle inte utsättas för en vaginal förlossning igen.

Den lättnaden. Som att flyga en bit över marken. Helt rätt, det enda sättet för mig.

Ändå gnagde ett litet frö någonstans: jag borde vara duktig. Jag borde stå ut, för det gör alla andra. En vaginal förlossning är en *riktig,* normal förlossning. Det finns visst djupt inlärt i oss kvinnor, och många män också, från tidig ålder: en riktig kvinna föder sitt barn. Och att föda sitt barn, det är att trycka ut det under olidlig smärta. Det ska man bara acceptera. En oskriven regel som förvånansvärt nog visade sig finnas inpräntad också i mina egna vänner, som inte kunde hålla sig från att kommentera.

”Vadå rädd? Du har ju fött barn och du överlevde ju. Vad är du rädd för?” undrade en bekant när vi båda var gravida. Hennes första barn skulle komma inom ett par månader, och jag hade bestämt mig för att inte berätta allt för henne om hur fruktansvärd min upplevelse hade varit. Så när jag med en klump i halsen berättade om mitt ännu inte beviljade kejsarsnitt trodde hon kanske att jag inte hade tillräckligt stor anledning. Som om inte varje människas anledning är stor nog, vilken den än är. Eller så var hon kanske orolig för sin egen, första, förlossning, vilket nog är mer troligt.

Men det hade nog inte spelat så stor roll om jag berättade om min förlossningsupplevelse. Det är svårt att sätta ord på vissa saker utan att det låter banalt. Och jag tror också det är omöjligt att inte sätta in sig själv i den andra personens scenario när båda är gravida. Min bekant menade inget illa, hon var däremot helt säker på att kejsarsnitt, det ville hon inte vara med om. Jag var själv tyst provocerad av hennes egna förlossningsönskemål, vilket säkert lyste igenom.

Men ändå: Vadå rädd? Du överlevde ju?

Var det inte värt det?

Älskar du inte ditt barn?

De två sista sakerna sa hon inte men en tagg satte sig i mitt bröst. Att bli traumatiserad av tillfället då man mötte sitt barn första gången, det är definitivt en av många saker det helst inte ska pratas om. Man ska ha haft en jobbig förlossning, men inte för jobbig. Inte så jobbig. Då blir folk rädda, då är det lite för mycket, då har personen inte förstått att det faktiskt är värt det, att en kvinna måste lida för att få möta sitt barn. Att det är något en kvinna ska klara, trots allt. Lagom är bäst, som med allt annat här i världen. Lagom fruktansvärd smärta, några pinsamma utrop till den medföljande partnern, sen ett magiskt möte med ett perfekt litet barn och smärtan som bortblåst. Kärleken kommer svävande på ett litet rosa moln och föräldern är genast inne i sin lyckobubbla när barnet automatiskt söker sig mot bröstet.

Så ska det vara.

Men det ska heller inte vara för lätt, det fick en annan kompis som hade en i princip smärtfri förlossning uppleva. Hon vågade inte säga att det hade varit enkelt utan att riskera att bli kallad skrytsam.

När det gäller de oskrivna reglerna kommer de alltid att finnas. Det är bara att välja: acceptera och följa dem eller högaktningsfullt strunta i dem och köra sin grej. Lita på att det man beslutar är bäst för just en själv och att det inte spelar någon roll vad andra tycker. För mig har det ofta blivit någon sorts mellanting: jag lär mig allt om de oskrivna reglerna, men sen klarar jag inte att följa dem och har mer eller mindre gnagande dåligt samvete. Borde jag inte? Är jag inte en *dålig förälder*, bara lite?

Du ska vara hemma med ditt barn i två år, för innan dess far det illa på förskolan. Sen ska du hämta supertidigt, helst före tre. Men samtidigt måste du tjäna mycket pengar för du ska ha råd att köpa Polarn & Pyrets vinterkläder för annars kommer ditt barn att förfrysa under vintern. Men egentligen måste du köpa begagnat för nya kläder är inte miljövänliga och de innehåller gifter som barnet inte bör få i sig. På tal om gifter får du aldrig någonsin snegla åt barnmatshyllan för barnet måste alltid få hemlagad mat. Samtidigt ska du ha tid och kraft att alltid leka med barnet och hitta på nya spännande aktiviteter. Baka är roligt, men du måste se till att inte få med något socker, för det är gift. Och TV ska vi inte tala om. Före fem års ålder är allt TV-tittande direkt skadligt. Sen måste du stänga av telefonen när barnet är i närheten för nåde dig om du surfar istället för att titta när ditt barn leker med sina leksaker. Det kan fara mycket illa av det!

Om du klarar detta är du en supermamma. Om inte är du en dålig mamma. Lycka till.

Bloggen *Feministbiblioteket*, september 2013

Förebilder

Marian Keyes – redan läst. Cirkeln av Mats Strandberg och Sara Bergmark Elfgren – kanske?

Jag letar efter böcker som kräver minimal ansträngning att läsa för en helg på landet när jag plötsligt lägger märke till en förälder och tonårsdotter som står och synar pockethyllan på Akademibokhandeln. Bland de bäst säljande böckerna finns, förutom sexistiskt tantsnusk och maffiga deckare, just nu en humoristisk feministisk skildring av att vara kvinna som blivit mycket omtalad under året.

”Den här ska visst vara bra”, säger föräldern och håller fram boken mot dottern.

”Ja, just det, är det inte någon sån där ...”, säger dottern.

”Sån där feministisk någonting ...”, säger föräldern.

Dottern tar upp boken. Vänder, vrider den och ställer tillbaka den i hyllan med en smäll.

”Nej, sånt där orkar jag inte med alls känner jag. Jag vill inte bry mig. Min kompis säger att jag borde vara feminist men jag orkar inte. Sånt där med jämställdhet får andra hålla på med.”

Föräldern sneglar omkring sig. Blicken fastnar på mig där jag står och bläddrar bland självhjälpsböcker för att kunna tjuvlyssna så nära som möjligt. Jag inser att jag är hjälplöst genomskådad, nickar åt henne och försöker samtidigt se nollställd ut, som om jag inte alls är nyfiken på vilket ansvar hon känner för dotterns, vad det verkar, uteblivna känsla för feminism och jämställdhet. Hon kastar ännu en blick på mig, nickar tillbaka och vänder sig sen mot dottern med viss tvekan i rösten.

”Nej, varför kan man inte få vara bara människa?” säger hon sen och harklar sig innan de snabbt försvinner ner för rulltrappan utan att ha köpt något.

Jag känner igen den diplomatiska tonen. Det är samma ton som jag använder till min sexåriga dotter när jag helst av allt vill undvika en scen på stan. När jag vet att jag borde säga ifrån, men att det inte är rätt tid eller plats. När jag låter henne få tro det hon tror.

Och jag tänker att jag hoppas att jag inte kommer att låta min dotter säga att hon inte orkar med feminism.

Men så har jag inte varit tonårsförälder heller, än. Vem vet hur många gräl om feminism som pågått hemma hos just den familjen? Kanske var det här punkten när föräldern slutligen gav upp. När hon tänkte att relationen till dottern är viktigare än att hålla ytterligare ett brandtal om jämställdhet. Nej, man kan aldrig veta hur andra har det, egentligen, och jag har ingen åsikt om att feministboken fick stå kvar i hyllan på Akademibokhandeln.

Men hur vill jag själv ha det hemma?

Orkar inte. Vill inte. Kan inte. Tyst, mamma! Vad ska jag göra om min egen dotter, eller min son, känner så när de är sjutton? Hur ska jag upplysa dem om att det är viktigt att kämpa för ett jämställt samhälle utan att de blir trötta på tjatet? Och hur ska jag bete mig för att skicka rätt signaler till mina barn utan att tvinga in dem i något de inte vill vara med om?

När de är små, som de är nu, tycker jag att det är ganska enkelt att göra saker som känns rätt och bra. Om det sen gör skillnad för barnen får framtiden utvisa. Till exempel satt jag en hel kväll en gång och gick igenom barnböcker hemma, strök över en massa ”hon” som jag ändrade till ”han” och tvärtom, för att få bort de stereotypa rollerna. Det var extra skönt att göra om ”Vilda bebin” av Barbro Lindgren och Eva Eriksson till en flicka, min dotter älskade den.

Just barn- och ungdomsböcker är ett väldigt bra exempel på ojämställdhet, tycker jag. Inte minst för att många av barnens förebilder hämtas där. För det är uppenbart skevt, varför är nästan alla roliga karaktärer alltid pojkar?

> Lägger vi samman bilderböckerna som utkommit sen 2002 så är bokhögen med pojkar i huvudroll hela 57 procent större än bokhögen med flickor i huvudroll! Ett ramaskri borde vara på sin plats i ett land som vill fortsätta bära såväl jämställdhetens som barnbokens fana högt!
>
> Karin Salmson och Marie Tomicic
> från Olika förlag i SvD, maj 2012

Och sen då? Sen, när det är långt ifrån bara jag själv som påverkar barnens syn på samhället och varandra? När de är stora och bilden fortfarande är lika skev, fast nu i ungdomsböckerna, där jag inte längre har makten att stryka över ett ”han” och ändra till ”hon” eller ”hen”?

> Tittar vi istället på ungdomsböcker är bilden den motsatta: 60 procent har en tjej i huvudroll och 33 procent en kille. Här har klyftan mellan könen ökat med 8 procent jämfört med föregående år. Vissa ser det som ett tecken på jämställdhet, att tjejerna börjar ta för sig. Det är fel slutsats. Snarare är detta också uttryck för ojämställdhet, som gör att pojkar har låg läsvana och sviktande skolresultat. Förlagen anser inte längre pojkar vara en lukrativ målgrupp utan satsar på läsande flickor.
>
> Ur samma debattartikel i SvD

Hur ska vi få barnen att bli vettiga samhällsmedborgare som tycker att alla är lika mycket värda, får ta lika mycket plats, när inte ens barn- och ungdomslitteraturen avspeglar det?

Det är supersvårt. Här och nu, i min egen vardag där jag ser hur lite jag själv påverkar och hur mycket som kommer från annat håll. När ännu en person påpekar att pojken gillar bilar med en "vad var det jag sa"-ton. När min flicka plötsligt inte vill gifta sig med sin bästis längre utan med "en man". När det ännu en gång påpekas hur "stark" sonen är och hur "söt" dottern är. Jag ser också hur de själva kämpar emot sina egna etiketter. Dottern som säger "Jaha, men är jag inte cool då, och stark?". Sonen som står framför spegeln och provar hårspännen i en kvart medan han utropar "Fin! Söt!". Och vi föräldrar, som mest försöker hålla reda i röran.

> Det handlar inte om att flickor ska förbjudas att leka med dockor. Men vi vill inte begränsa utbudet med leksaker till flickleksaker och pojkleksaker. Vuxna män städar hemmet idag, varför inte erbjuda spisen och leksaksdammsugaren även till pojkarna? Eller varför inte ge en kissdocka till den lilla pojken som han kan mata medan mamma ammar småsyskonet (eller pappa matar med flaska?)? Vi förutsätter idag att männen ska vara hemma med barnen också, varför inte implementera det redan från början? Och varför inte köpa den där coola röda bilen även till brorsdottern? Hon kanske i slutändan föredrar nallen, men det spelar väl ingen roll, tänk OM hon hellre hade velat leka med bilar men aldrig gavs möjligheten eftersom bilen "kändes" som en killgrej? Tack och lov tror jag att det här är på väg åt rätt håll.
>
> Bloggen trolleboll.com, januari 2014

Metoden för mig, som trots allt alltid behöver bekräftelse från olika håll, har fått bli goda förebilder. Jag väljer ut några och frågar dem då och då om de tycker jag är ok med barnen. Min bror är en av dem. Min vettiga, ansvarstagande storebror som är barnläkare och har tre barn som är mina barns stora idoler måste vara en bra person att fråga. Jag lyssnar på brorsan och sneglar på hur han gör. Kanske kan jag komma ganska långt med att göra så gott jag kan. Blir barnen flickiga och pojkiga så blir de – jag har i alla fall gjort vad jag kan och det viktigaste för mig är att de är bra medmänniskor som har fått valmöjligheter och frihet att göra allt de drömmer om.

Jag tycker nämligen inte att det handlar om huruvida de leker med bilar eller dockor eller har rosa kläder eller vill leka mamma pappa barn. Det handlar om något större, om vad vi visar dem är okej i bemötandet av andra människor, hur vi är som människor och kan känna oss ha för rättigheter. Då får vi börja med oss själva och de vi har omkring oss.

Det här är viktigt, och här, här får jag anstränga mig. För om inte barnen ser att vi föräldrar är jämställda, hur ska de då veta vad det är? Så tänker jag och då blir det plötsligt inte så viktigt exakt vilka leksaker jag köper eller vilka kläder de har utan hur jag *är* mot andra människor, inte minst min partner.

Jämställda par håller ihop längre.

Forskare vid den sociologiska institutionen vid Umeå universitet har följt 36 000 par som fick sitt första barn 1993 och sett vilka av dessa som fortfarande levde tillsammans tio år senare. Jämställda par höll ihop längre, visade det sig. Ju mer föräldraledighet mannen hade tagit ut, desto större var sannolikheten för att relationen hållit. Motsatsen gällde också: i par där mannen inte tagit ut någon föräldraledighet alls var risken för separation stor. Dessutom spelade

> parets inkomster roll. Ju större inkomstskillnader det fanns mellan mannen och kvinnan, desto större var risken att de efter tio år hade skilt sig. Allra störst var risken om det var kvinnan som tjänade mest.
>
> Vi föräldrar, september 2009

Det finns visst flera vinster med att satsa på jämställdhet i strukturen mellan föräldrarna, om föräldrarna är fler än en. Det är viktigt att ta vara på sig själv och sina rättigheter, men inte bara för barnens skull. Jag personligen vinner också på att vi delar lika med allt.

> Att få barn är vådligt för kvinnors hälsa. Och det beror inte på själva graviditeten eller förlossningen, utan på bristande jämställdhet.
>
> Försäkringskassan har tittat på risken att bli sjukskriven och konstaterar att den för kvinnor ökar markant efter barnens födelse. Och ju fler barn, desto större blir risken. En av de mest utsatta grupperna är mammor som har en likvärdig ställning i arbetslivet som pappan, men som samtidigt tar störst ansvar hemma.
>
> Aftonbladet, november 2013

Det finns många områden där jag känner att jag som föräldrar borde slappna av. Allt är okej, allt blir bra. Men det här med jämställdhet är inte ett av de områdena. Det är viktigt och ännu har jag inte gett upp hoppet. Jag vill inte att min dotter ska växa upp och bli sjukskriven på grund av bristande jämställdhet. Jag vill inte att min son bara ska ta ut 37 procent av VAB-dagarna eller känna sig tvungen att välja en viss typ av yrkesbana.

Jag för saken på tal så ofta jag kan.

”Du...”

”Ja, vad är det?”

”Kolla på den här bilden, ser du vad det är?”

”Så klart, det är en flicka som är brandman!”

”Skulle du vilja bli brandman ... eh, jobba på brandstation?”

”Nej men MAMMA!”

”Varför inte det? Du vet väl att du kan bli vad som helst som du vill?”

”Men har du glömt? Ja ska ju bli konstnär och målare och ha en egen glasskiosk och en bondgård!”

”Jo, det är klart ...”

Ibland tar de där samtalen inte en riktigt dit man önskat – de tar en till nya, mycket bättre platser. Jag vågar hoppas och tro att samtalen gör skillnad. En dag gör de skillnad. Kanske när ett av mina framtida tonårsbarn och jag står i en bokhandel och får syn på den feministiska antologin *Fittstim* från 1999 i någon gammal dammig hög och han eller hon säger:

”Mamma, där är den där boken du försökte tvinga mig att läsa som du gillade när du var ung. Kan du inte visa fler såna?”

Okej, det kanske är en drömvärld. Jag kommer att förlåta mig själv om de istället vägrar titta på den och jag inte orkar ta striden.

Men jag hoppas åtminstone att jag när någon av dem säger ”jag orkar inte vara feminist”, ska svara:

”Det är inte något du inte kan orka. Det är något du bara är. Nu köper jag den här boken till dig i alla fall så kanske du kan lära dig något om du får lust att läsa den någon dag.”

Den komplicerade kärleken

Det är så himla stora krav på kvinnor, vi vet hur varje del av vår kropp bör se ut ned till minsta tånagel, då blir det naturligt så att när man får familj vill man att allt ska vara perfekt och att alla ska tro att man är lycklig. Man får inte tycka att bebisen är jobbig, undra varför man skaffade barn och längta efter att få tänka på sig själv.

Kitty Jutbring i *Upsala Nya Tidning*, maj 2013

”Jag älskar mitt barn men ...”

En vän gråter i telefonen. Hon är utarbetad, har inte sovit på flera nätter och de två barnen är i var sin trotsålder. Jag sitter och matar mitt eget barn med fil som ratas med stark hand och stängd mun. P3 på låg volym i bakgrunden, efter sträng förhandling med det äldre barnet som hellre vill lyssna på sin Spotifylista. Dagarna har flutit ihop, jag vet inte längre hur många timmar jag har suttit precis så här.

Ibland kan småbarnslivet kännas hårt. Ibland är det bara vardag och matvägran och regnslask och stirra ut genom fönstret och undra vad alla andra gör som är helt magiskt och underbart. Känslor som egentligen inte har med mitt filkladdiga barn att göra, och inte med min väns trotsiga barn heller, men skulden kommer ändå. Borde jag inte älska vardagen nu när jag har barn? Borde inte filkladd och tid att sitta och stirra ut genom ett regnstänkt fönster vara avkopplande och underbart?

Det kryper i kroppen.

Ringer Martin. Fixar en ledig dag. En barnfri dag. Egen tid. Gå på spa. Fika själv. Prata med en fin vän jag saknat. Och det är underbart, verkligt underbart. Men ärligt talat, jag älskar inte det där fikandet och lyxandet mer än vardagen egentligen. Det är bara vardagen som är vad den är. Det går inte att älska varje sekund. Eller är det meningen att man ska göra det?

> Alltså jag älskar mitt barn mer än allt men ibland orkar jag bara inte.
>
> Jag själv, många många gånger …

Mer än något annat vill jag att mina barn ska känna sig älskade och så lyckliga som möjligt. De ska vara trygga i att vi finns där och backar upp, våga ta egna steg i egen frihet utan att vi begränsar och gör saker svåra. Vilket stort ansvar det är – det absolut svåraste för mig att förhålla mig till. Jag brottas ofta med känslor om hur mitt eget sätt att vara, i mitt eget liv, påverkar mina barn. Är jag ledsen oroar jag mig. Är jag arg oroar jag mig. Är jag ständigt glad (vilket jag oftast inte är), oroar jag mig för det också. Jag vet att jag högst antagligen överdriver min egen betydelse i barnets liv, men det är svårt att låta bli.

> Jag älskar ju mitt barn över allt annat så klart, men jag kan bli så arg på honom. Så väldigt arg, men det är klart att jag älskar honom.
>
> Anonym vän med två barn

Jag har tänkt väldigt mycket på det där. Varför är det en motsägelse? Kan en person inte älska sitt barn *och* vara arg/trött/less samtidigt? Som om idealet vore en ständig dans på rosor, bara skratt och glädje och helt perfekta övergångar mellan olika situationer. Livet är inte sådant, jag är inte sådan. Varför skulle livet med barnen vara på det viset?

Kärlek. Vad är det egentligen? Varför skäms vi över att kärleken är komplicerad och att livet är som det är?

> Är det OK att vara arg, sur, ledsen, jublande lycklig, förnärmad, sårad och alla andra känslor som är en del av att vara människa tillsammans med andra människor? Ja, det är inte bara OK, det är nästan en plikt att visa sina barn vad det innebär att vara människa bland andra människor. Låt dem uppleva skillnaden på att vara en helt autentisk människa tillsammans med andra människor och visa på de situationer som kräver att man håller en låg, känslomässig profil och nöjer sig med att vara formell och hövlig. Det är en plikt eftersom det är förutsättningen för att barn ska kunna utveckla en sund mental hälsa och livskompetens.
>
> Familjeterapeuten och författaren
> Jesper Juul på *Familylab.se*

Åh, Jesper Juul. En av alla dessa experter som jag känner hatkärlek till. Den här gången sa han något bra på rätt dag: det är nästan min plikt att visa mina barn hur det är att vara människa. Vad befriande det låter. Kan jag leva efter det? Det måste innebära att om jag är en normal människa som inte annars brukar gå över gränsen, kanske jag kan få känna att jag klarar det här också. Jag kan gräla med mitt barn. Verkligen? Kan jag? Det låter ju självklart, men för en nybliven förälder är det inte självklart.

”Om ditt barn säger något jättedumt måste hon få veta att

det inte är okej – varför ska inte du kunna bli arg för en sådan sak när vem som helst annars skulle bli det?”

Det säger BVC-sköterskan till mig när jag sitter med tårar i ögonen av frustration för att jag kan bli så vansinnigt arg på min dotter. Så arg att jag blir som ett barn själv, smäller i dörrar, slänger saker i golvet och skriker. Och mina barn då. Som kan bete sig outhärdligt irriterande, som provocerar, som vet exakt vad som får mig att bli helt rasande och som använder de verktygen mot mig när det passar som sämst. Som barn gör.

Mina barn är människor. Det låter självklart, men det tog mig ganska många år att inse. Människor som ska bli vuxna, ha fungerande och mindre fungerande relationer. Och som kommer att reta gallfeber på vissa ibland. Det får jag väl bara tugga i mig, trots att det känns hårt.

Att vara världens bästa förälder är vår högsta önskan redan innan barnet är fött. Frågan är bara, hur är man då?

Är det föräldern som alltid är klok, lugn, balanserad? Nej, en bra förälder är kärleksfull men kan också förlora tålamodet, skrika och härja, vara orättvis och inkonsekvent och använda tjat, hot och mutor i sin uppfostran.

Då är vi mänskliga och då visar vi barnet att man får bli arg och bära sig dumt åt ibland. Det är okej. Och då lär vi barnet att så kan det vara i livet. Alla möter vi till exempel taskiga chefer, illojala kompisar eller en partner som sviker oss.

Barn tål att vi bär oss illa åt ibland. De blir inte olyckliga eller hämmade av det. Men vi kan ändå ha vissa målsättningar som föräldrar – även om vi sen inte klarar av dem alla, alltid.

Ängel borta och pest hemma. Det är precis som det ska vara. Du har lyckats!

Från *psykologiguiden.se*

Idag är dagen då jag lyssnar på de visa experterna. Psykologiguiden säger allt jag behöver veta.

”Ängel borta och hemsk hemma, då är hon trygg”, försäkrade vår goda fe BVC-sköterskan som en sista grej en kort tid innan hon till min stora sorg bytte jobb. Det rådet har ringt i öronen och räddat mig väldigt många gånger sen dess. Tillsammans med det bästa rådet jag fått från den nya BVC-sköterskan, som kom strax efter: ”Vi påverkar våra barn väldigt mycket mindre än vad vi gärna vill tro. De blir som de blir ändå.”

Kanske borde jag stänga ner internet för gott nu och låta saken vara. Men tyvärr finns det ju också andra kanaler som påverkar självbilden. Andra människor till exempel, för att inte tala om en själv i förhållande till dem. En solig sommardag på stranden när alla familjer sitter och har idyllisk picknick medan mitt eget barn vrålar och skriker tills jag själv vrålar och skriker nästan lika högt, då är det svårt att inte känna sig värdelös. Det där stora tålamodet vissa föräldrar verkar ha, var hittar jag det en sådan dag? Svaret är: i mig själv, samma kväll när barnen sover. Då lovar jag mig själv att nästa gång, då ska jag inte bli arg utan vara tålmodig, konsekvent och bestämd. Nästa gång är det inte vi som skämmer ut oss på stranden. Tålamodet växer inom mig när jag hör barnens snusande andetag och tittar ner i deras sängar på deras rufsiga solblekta hår och solbrända axlar. De är så underbara när de sover.

Hoppet grusas nästa dag när det återigen är 33 grader varmt i lägenheten och smöret smälter innan det hunnit till frukostmackan. Värme och tålamod, de går inte ihop.

Jag känner såhär: vi lever tillsammans i en familj och har känslor. Vi blir arga på varandra, ledsna på varandra eller är arga/ledsna för något annat och det visar sig hemma. Det måste ju vara okej även för mig som förälder att ha en taskig dag. Mina barn gör mig jättearg ibland, och sur ganska ofta. Sen har jag ett ansvar att underlätta för dem, till exempel lägga fram kläder dagen innan, se till att vara i tid på morgonen och ägna mig åt dem. Men jag är arg ibland och skriker ibland, inget jag är stolt över men jag skäms inte heller. Så är livet i en familj.

Emma, förälder till tre barn, 1, 4 och 6 år

Här kommer det mest förbjudna, det jag inte vill erkänna, som jag vill skrika ut och få reda på att andra också känner: jag har ibland samma känslor för mina barn som för andra människor jag älskar. Jag kan bli så arg på dem, trött på alltihop och vilja rymma. Jag orkar inte, jag vill slå huvudet i väggen och skrika. Särskilt på natten, då jag är som tröttast och blir väckt för femtonde gången och det har varit likadant i ett halvår. Särskilt när vi är inne på tionde dagen av matvägran och alla husets handdukar och lakan är nerkräkta och det står halvdruckna saftglas precis överallt. Då är jag inte en ängel av tålamod. Då händer det att jag sitter med huvudet i händerna och gråter bredvid ett barn som ännu en gång slänger tallriken i golvet tillsammans med de speciallagade pizzabitarna som jag förhoppningsfullt tror ska bryta matvägrandet.

Men den här gigantiska frustrationen, den som växer som en flodvåg och gör att jag känner mig helt maktlös, den kanske är något som barnen kan lära sig av? En viktig lärdom för det kommande livet. Ja. Så är det. Det säger vi.

Cirkeln sluts

Januari 2014. Lite mer än sex år efter att jag första gången gav mig ut med barnvagnen på Uppsalas gator, fylld av en inre känslostorm, en del förväntan och en stor del förundran på väg till BVC. Sex år efter att jag lärde mig det allra första om föräldraskapet, mitt föräldraskap, som inte blev som jag hade föreställt mig eftersom jag inte hade kunnat föreställa mig något alls. Sex år efter att jag lade en stor del av mitt liv i andras händer: förlossningsläkare, BB-personal, BVC-psykolog, distriktssköterska.

Sex år senare sitter jag i ett välstädat kök hemma hos den kvinna som i mitt livs mest kaotiska period var vår BVC-sköterska. Snön yr utanför fönstret, hon bjuder på kaffe och jag på semla. Vi pratar om vårt gemensamma intresse för snygga burkar, som det finns gott om i hennes kök. Jag berättar hur det är med barnen, hon berättar om sina som är tonåringar och vuxna nu. Och sen pratar vi om föräldraskapet och livet.

För mig har hon alltjämt konturerna av en räddande ängel som vi aldrig kommer att glömma eller kunna tacka tillräckligt. För henne är jag den ena föräldern i en familj som kämpade hårt och som hon kommer att minnas. Nu är hon inte BVC-sköterska längre och kan se saker ur ett annat perspektiv. Hur speciellt det är att få ta del av nyblivna föräldrars liv, vilken förmån det är att kunna hjälpa. Men också vilken svår balansgång det kan vara att försöka säga rätt saker utan att trampa på tår, utan att spräcka idealbilder och idéer.

”Det är helt fantastiskt att få ta del av nyblivna föräldrars tankar och otroligt hur mycket de vågar öppna sig. Det är det absolut bästa jobbet men också ett enormt ansvar.”

Hon berättar om föräldrar som synbart kämpar mot inre kaos, föräldrar som köpt så mycket prylar att de nästan kvävs, föräldrar som är chockade, lyckliga, omtumlade. Och alla, precis alla, vill det bästa för sina barn. Det är inte en fråga om det, utan om hur föräldrarna mår.

”Den där rosa lyckobubblan är en myt. Jag har aldrig träffat på en familj som befinner sig i den. Den första tiden på BVC är egentligen till för föräldrarna, så ser jag det. Om det är ett friskt och hälsosamt barn kommer det att klara sig. Föräldrarna kan det vara värre med.”

Som för mig, tänker jag och minns att hon sa precis så till mig när jag stod och grät över blöjbytet, tårarna droppade ner på min dotters lilla runda mage under någon av våra första träffar. Att jag inte behövde oroa mig för barnet – vilken lättnad det var att tänka så.

Det är inte lätt att vara BVC-sköterska idag. Med mängder av riktlinjer kring hur rådgivningen ska se ut, med föräldrar som ständigt informerar sig själva kan balansgången vara hårfin. Och ibland fungerar det inte.

”Mycket handlar slutligen om personkemi. Man borde informera mer om att det är helt okej att inte gilla sin BVC-sköterska, att man kan byta utan att det är konstigt. Många skäms över att det inte känns bra, men det tycker inte jag att man ska”, säger hon.

För mig är det helt obegripligt att någon kan ha velat byta bort den här underbara personen som räddade oss när saker var som svartast, men jo, visst har det hänt henne också. Hon har blivit bortbytt en gång, vilket var en lättnad för såväl henne själv som den familjen. Alla är olika.

”Det finns ingen enkel sanning. Men jag ser hur alla föräldrar kämpar. Jag såg hur ni kämpade”, säger BVC-sköterskan som nu är skolsköterska.

Hon berättar om sin egen familj, sitt föräldraskap och hur hon själv blev bemött. En hel del av det har jag redan hört, eftersom hon alltid varit frikostig med att dela med sig av sig själv till oss.

”Det är väldigt bra att kunna ge av sig själv till de som har det jobbigt i vissa lägen, att säga att så hade jag det också eller jag känner igen mig själv i dig. Alla bär på en historia, till och med BVC-sköterskor”, säger hon.

Känslan av att cirkeln sluts är mycket stark. Ännu starkare när hon berättar om hur hon en gång försökte informera på en föräldrautbildning om att den första tiden kan kännas både turbulent och omtumlande och att det är helt normalt. Då fick hon bakläxa – av barnmorskan som höll i kursen.

”De tyckte inte jag skulle dra ner föräldrarna mitt i deras livs mest lyckliga tid.”

Jag tänker på vad jag hade velat veta innan jag fick barn. Om, och i så fall hur, det hade kunnat göra skillnad. Hur absurt det är med bilden av det heliga, oantastliga, lyckliga föräldraskapet som för många inte alls blir just sådant. Att livet är som det är, med barn och utan barn. Lycka kan inte mätas på det viset och vem skulle kunna vara bättre på att berätta det än just den sköterska som håller i en föräldrautbildning?

Men vem vet om jag hade lyssnat på goda råd innan, eller om hade jag kunnat tro dem. Vi är alla olika och mitt föräldraskap liknar inte någon annans. Det viktiga är hur vi är mot varandra här och nu.

Snön virvlar alltjämt, mörkret har börjat falla och BVC-sköterskans son har kommit hem från skolan när jag virar halsduken många varv runt axlarna och skickar ett sms hem: jag är på väg.

När jag ska gå kramar hon mig och säger att vi ses.

”Jag tänker på er ibland”, säger hon.

”Vi tänker på dig också”, säger jag.

Lästips

Böcker

The conflict – how modern motherhood undermines the status of women av Elisabeth Badinter, Metropolitan books 2011 (originalet på franska 2010)

Livet och barnet, av Peppe Öhman, Schildts Förlag AB 2011

Måste alla vara så jävla lyckliga hela tiden, av Jessica Hjert, Nestor förlag 2013

Confessions of a Scary Mommy av Jill Smokler, Gallery Books 2012

Experthysteri: kompetenta barn, curlingföräldrar och supernannies av Tomas Johansson, Bokförlaget Atlas 2007

Ingens mamma – tolv kvinnor om barnfrihet, red. Josefine Adolfsson, Atlas 2013

Skriet från kärnfamiljen av Rebecka Edgren Aldén och Tinni Ernsjöö Rappe, Albert Bonniers Förlag 2009

Koka makaroner – om att bli pappa av Johan Nilsson, Wahlström & Widstrand 2003

Moderslycka: vart tog glädjen vägen? : en mammas berättelse om depression efter förlossningen av Helena Askén, SKL Komment-us Media 2014

Eftervärkar av Josefin Branzell Hertz, Fri Tanke Förlag 2014

På nätet

Family living – the true story – Facebookgrupp där folk visar hur de har det hemma – på riktigt.

Hormoner & Hemorrojder – sanningen om småbarnslivet. www.hormonerhemorrojder.com
Finns även som bok, Ordalaget bokförlag 2013.

Scary mommy: an honest look at motherhood – amerikansk sajt som är befriande ärlig. www.scarymommy.com

Supermom. För bästa igenkänningen i bildform. supermamman.tumblr.com

Tack

En rad med tack känns sentimentalt men är verkligen på sin plats – utan alla omkring mig hade boken inte blivit vad den är.

Men först: utan mina barn hade den här berättelsen inte funnits alls. Så framför allt vill jag säga tack till er. Älskade barn – ni gör mitt liv mer komplicerat, rikare och mycket mer *riktigt* än jag hade kunnat föreställa mig. Ni är helt perfekta precis som ni är och utan er vore jag inget, vilket gör mig väldigt lycklig och ganska rädd. Men så ska det väl vara.

Detsamma gäller Martin som genomlevt allt med mig. Tack för att du finns och är en del av mitt liv.

Alla som varit delaktiga under arbetet med den här boken. Vänner som peppat när jag misströstat, diskuterat över oändliga koppar kaffe, som läst, tyckt och vågat säga ifrån när jag blivit en besserwisser. Framför allt Emma och hennes fantastiska idéer, utan dem hade det inte blivit någon bok över huvud taget. Och Pernilla och Anki: mina klippor som säger till på skarpen när det behövs, sitter bredvid och håller mig i handen och som finns där i vått och torrt, dag som natt.

Mina egna föräldrar, så klart. Och min underbara föräldrapanel som kommit med värdefullt tyckande genom hela processen och bidragit med en stark känsla av sammanhang.

Min förläggare Henrik som såg möjligheterna i min idé.

Och slutligen Karin, som jag vet har gett mig kraft att våga.